伊藤真の

考え抜く力

思考力を鍛える90のメソッド

伊藤 真

PHP文庫

○本表紙図柄＝ロゼッタ・ストーン（大英博物館蔵）
○本表紙デザイン＋紋章＝上田晃郷

文庫版へのまえがき

司法試験等の受験生を集めて塾を開いている私は、これまでに『夢をかなえる勉強法』をはじめ、勉強法の本を何冊も書いてきました。本書はその根幹にある「考えること」についてまとめたものです。

考える能力こそ、資格試験の受験生にかぎらず、ビジネスパーソン、経営者、一般学生にとって成功のカギとなるものだと、私は信じて疑いません。

考える力が、なぜ重要なのでしょうか。

先行きが不確実な時代、変化の時代に、現実社会を乗り越えていくために必要なのは、「模範解答を知っているかどうか」ではなく、「徹底的に考えて解答を自ら創りだせるかどうか」です。

この場合の考える力は、論理的な思考力、いわゆるロジカルシンキングにかぎりません。個別に非定型的に、しかも創造的に考えなければ解決できない問題、対処に微妙なバランスが求められる問題が増えています。

目の前の「答えのない問題」に対し、いかに自分の頭をフルに使って、最善の解決策を見つけて前に進んでいけるか。模範解答より徹底的な思考力。「考え抜く力」とは、私たちにとって必須の「現実突破能力」なのです。

ただ考えるのではなく、考え続けることが重要です。

困難な時代を乗り越えたいのであれば、つねに考える習慣をつくり、次々と訪れる新しい問題に対し、答えを繰り出しつづける能力を磨くことです。ビジネスでも学業でも、「考え続けること」が自分自身を進歩させ、独自の道を切り開くことにつながります。

「最後まで考え続けられた人」と、「途中であきらめてしまった人」の間には大きな差が生じます。結果が伴うかどうかは、考え続けられるかどうかにかかっているのです。あきらめずに考え続ければ、夢は実現するものです。

伊藤塾では早くから「考え抜くこと」の重要性に気づき、思考力を鍛えるトレーニング法を開発してきました。だからこそ1年や2年という短期間で合格する人が多いのです。

私が講義や経営をするなかで、考えることについて日頃考えてきたことやノウハウが、最前線で活躍される皆さんのお役に少しでも立てれば幸いです。

本書は、二〇〇九年一〇月に出版された『伊藤真の結果をすぐ出す超思考法』(大和書房)を文庫化したものです。文庫化にあたってタイトルを変更し、読みやすいように少し文章に手を加えさせていただきました。

二〇一四年一一月

伊藤塾塾長　伊藤　真

はじめに

私は司法試験合格を目指す塾生たちに、**「学問に王道はないが、勉強には王道がある」**とよく言っています。

「学問」とは、定義すれば「真理の探究」です。「真理」には必ずしも明確な答えがあるわけではありません。それでも自分なりに真理を探究するのであれば、仮説を立て、よりよい成果を求めて追究を続けていくことが唯一の道になります。

一方で「勉強」とは、ある特定のゴールを設定し、「そこに到達するために何をすべきか」というプロセスになります。ときには時間との戦いが求められ、効率的に結果を出すテクニックが要求されます。

真理を探究する「学問」、そして結果にたどりつくための「勉強」、この二つに共通する重要な要素とは何でしょう。それは「考える」行為です。

受験生に限らず、ビジネスの現場でも**「自分を成長させるための学問的な思考」**

と、「何らかの課題を解決するための目標突破型の思考」は、両方とも必要になります。

私たちは人生において降り掛かる多くの問題を、この二つの「思考」を駆使して、乗り越えていかなければならないのです。

これまで私は司法試験の講師として、特に「法律家になる」という目標達成を目指す学生向けに「勉強法」を語ってきました。

「勉強」と聞いて、私たちはすぐに「学校」を連想するかもしれません。しかし勉強は学校の場以外でも、たとえば会社に入るためや、ＭＢＡなどの資格をとるなど、ある目標に到達するために適時していかなくてはならないことです。そして、そのための「最も効率のよい方法」は、確実に存在しているのです。

しかし、「勉強」ではなく、「考える」という行為についてはどうでしょうか。

日本の教育制度では、常に「ゴール（答え）のある勉強」が用意されています。

そのような教育制度に慣れきった私たちは、**答えのない問題でも「自分なりの答え」を見つけ、前進していくための方法論に欠ける傾向があります。**

その結果、「考える能力」が低下し、誰かに答えを教えてもらえないと行動できない「思考停止」の状態に陥った人々が、年々増えているようにも思えてしまうのです。

とくに現代は、情報氾濫社会となり、テレビ、新聞、雑誌、インターネットと、溢れんばかりの情報が世に飛び交っています。

しかしここ数年間の社会制度の移ろいを見てみても、世界的な大不況や、裁判員制度の導入、憲法改正の問題と、簡単には答えの出しにくい問題が次々に世に現れています。

「考える力」を喪失して、手っ取り早い答えだけを求めるのに慣れ切った私たちは、このような重大な社会問題に、きちんと考える姿勢を持てているでしょうか。ともすれば安易にメディアが出す答えに引きずられてしまっているのではないでしょうか。私はこのような社会は、非常に危険ではないかと考えています。

しかしその一方で、世に溢れる大量の情報をきちんと選別し、自分なりの「考える能力」で独自の答えを見いだした人たちもいます。彼らは他の多くの人たちがビジネス世界で伸び悩んでいるときにも、新しいやり方を考え出し、成功へのきっかけをつかんでいます。

いままさに、**「考える力」によって勝者と敗者が分けられる**、厳しい時代に日本は突入しているのかもしれません。

本書は、私自身が「法律家」として考え、同時に経営者として「塾」をよりよくするために考え続けてきた、多くの思考体験を体系化してみなさんにお伝えするものです。

私自身の「考え」を反映する以上、その信条に則《のっと》った「偏り」もあるかもしれません。しかし、いかなる場合も「考える」という作業を続けなければならないあなたに、私が培ったノウハウは、必ずや一筋の光を与えることができると信じています。

ビジネスパーソン、経営者、学生、何らかの試験に突破する目標を持った人々……、多くの方に本書を役立てていただけたら、著者として望外の喜びと思っています。

伊藤真の考え抜く力

目次

ステップ1　いつも「考える」を意識せよ

ステップ2 シンプルに考えるクセをつけろ

ステップ3 「論理的な思考」をすっ飛ばすな

ステップ4 「ベターな判断」でスピードを上げろ

ステップ5 「わかりやすさ」で結果を出せ

ステップ1

いつも「考える」を意識せよ

01

自分の頭を使って「考える」しかない

ハーバード・ビジネススクールで授業を受けてきた人に聞くと、そのやり方は、生徒たちに「徹底的に考えさせること」を繰り返すものであるようです。

たとえばある日の授業のテーマはこのようなものでした。ある会社が発展途上国に工場をつくったものの、そこで暴動が起きてしまいました。靴を製造するその工場の工場長が、ある日、現地の労働者に対して差別的な発言をしてしまったのです。工場長本人には、それが差別的発言だという意識はなかったのですが、労働者は徒党を組んで抗議運動を始めています……。さて、あなたはこの会社の経営者です。どのような対処をすべきでしょうか、と、このような問題です。

工場長をクビにすべきでしょうか？

労働者をクビにすべきでしょうか？

それとも社長である自分が現場に出ていき、抗議運動の代表者と直接交渉をすべきでしょうか？

どの方法を選んでも、問題が解決される場合もあれば、解決されない場合もあるでしょう。つまり、この問題に対する「正解」はないのです。

ハーバード・ビジネススクールでは、このような正解のない問いをだし、教授が個々の生徒を指名して「君はどう思う?」「君は?」「君はどう?」と聞いていきます。何が正しいとも、何が間違っているとも言いません。つまり生徒たちは、ただ**自分の頭を使って「考える」しかない**のです。

おそらく日本人的な考えでは、そのような授業では、もし本当に自分が同じ問題に直面したときに、結局どのように処理したらいいかわからないのではないか、と不安に思われるかもしれません。

しかし、果たしてそうでしょうか。仮に教授が、「こういう問題は、このように処理しなさい」という解答を述べたとしましょう。でも他人から聞いた答えで現実の問題に対処しても、きっとスムーズな結果は出ないでしょう。現実のところは、ある対処法を試しても解決できなかったら、また別なやり方を考えだして試して……と、**「考え続ける」ことでしか問題は解決できない**のです。

重要なのは、「最後まで考え続けられた人」と、「途中で諦めてしまった人」の間には大きな差が生じるということです。**つまり現実社会を乗り越えていくために必**

要なのは、「模範解答を知っているかどうか」ではなく、「徹底的に考えられるか」どうかなのです。

法律の問題に関しても、同じことがいえます。試験の合否を別にすれば、仕事で出会う多くの問題に関しては、「唯一絶対の解答」などありません。あらゆる情報をもとに考え、何らかの解決策を打っていく力がないと、弁護士にしろ、検事にしろ、多種多様な問題に対処はできないのです。

目の前の「答えのない問題」に対し、いかに自分の頭を使って、最善の解決策を見つけて前に進んでいけるか。「考える力」とは、誰にとっても必要な「現実突破能力」なのです。

ポイント

「考える力」こそ現実の問題を突破する力である

02

成功する人は「考える時間」を省略しない

「考えるだけムダだ」と言う人がいます。「あらかじめ結果はわかっている。何か考えたところで、結果が変わるわけではない」と彼らは言います。

しかし私は、「そんなことはまったくない」と思っています。世の中に考えてムダなことなどありません。

そもそも「あらかじめ結果はわかっている」とか、「何かが変わるわけではない」というのは、自分がそう思い込んでいるだけであって、「客観的にそれが正しいのか」「他の可能性はないのか」ということは、わかりようもない問題です。私たちは、知らず知らずのうちに視野が狭くなり、他の選択肢や可能性を見過ごしていることが多いのです。

本書で述べたいことは、**「考える」ことによって私たちは、いくらでも可能性を広げ、いくらでも選択肢を多彩にすることができる**ということです。

考える力は法律の世界を目指す人にとっても、ビジネスの世界での成功を目指す人にとっても、非常に価値のあるスキルになっていくはずです。そのための方法論を、本書では提示していきます。

　世の中は常に進化し、変化しています。どんな場面でも私たちが対処しなくてはならないのは、未知なる新しい問題です。

「考える時間を省略する」ということは、「すべての問題は変わらない」という前提に立ち、〝いままでの思考パターン〟をそのまま目の前の問題に適用し続けることを意味します。

　それは「マニュアルどおり」「定説どおり」にしか行動できないということであり、そのような人はどんな分野であれ、変化していく時代に対応できず、低迷していくことでしょう。

　この時代を乗り越えるには、つねに「考える」習慣をつくり、次々と訪れる新しい問題に対し、答えを繰り出し続ける能力を磨くしかありません。それが自分自身を進歩させ、あらゆる分野で独自の道を切り開くことにつながるのです。

ポイント
「考える」ことによって選択肢は豊かになる

03

マニュアルで対応できることは限られている

では、本当に「考えることでムダになることなんてない」のかという問題を、検証していきたいと思います。私が携わっている司法試験勉強の世界を例にすると、一番わかりやすいのではないでしょうか。

受験勉強をした経験のある方はご承知のように、試験というのは、いかに最短の時間で必要なことを習得するかという「効率」が求められる世界です。だから司法試験でも、「考えないで覚えればいい」「丸暗記して、それを答案に書けばいいんだ」と言われることがあります。たしかに試験であれば、それで通用することがあるかもしれません。

しかし現実社会では、丸暗記して覚えるようなマニュアル式の対策で対応できることは極めて限られています。

たとえば、司法試験になかなか合格できない人のなかには、知識量だけはものすごいというタイプがいます。知識があるから、「この問題にはこういう意見がある」「この件は、こんなふうに考えられている」といったことには、とても詳しいわけです。

ところが、こういうタイプの人は、「この案件について論ぜよ」という問題にぶつかると、ついそこにありとあらゆる知識を書き並べてしまいがちです。

そういう回答には、肝心の「論じる」という、自分の意見の記述がどこにもありません。そうすると採点者は、「この人間は知識はあるけれど、弁護士や検事として、その問題に対処する能力には欠けている」と判断せざるをえないのです。

司法試験はレベルが高くなっていくに従い、知識の量を試す問題ではなく、「求められることにどう考え、対処できるか」という問題に変わっていきます。

法律関係にとどまらず、社会人になってから仕事で立ち向かう問題は、すべて同様のものです。知識だけでは解決できない問題なのです。問題解決のためには「どう考え、対処するか」という独自の「考える力」が必要なのは、当然のことでしょう。

「マニュアル」で対応できるのは、すでに起こっていることや、すでに存在している問題、あるいは誰かが解決した先例のある問題だけです。しかしそのような**過去に起きた問題を参照できることなど現実にはほとんどありません。**現場に出れば、マニュアルのどこにも書いていない問題だらけになります。

そのような現実に直面したとき、「マニュアルどおりにやればいいんだ」と「考える」ことを放棄してきた人間は、何もできないことになってしまいます。

ムダだろうが何だろうが、私たちは徹底的に考えることをこそ、絶えず続けていかなくてはならないのです。

ポイント

ムダだろうが、徹底的に考えるしかない

04

「思考」は人生を好転させる

「考える」ことの重要性は、いまの世の中でますます重要になっています。

そう考える第一の理由は、いまが「変化の時代」であり、先行きが不確実な時代になっているからです。そのような世の中で、何も考えず先のことも読まずに流されているだけの人は、きっとこの先もよい機会には恵まれず、結果的に社会的な不利益を被る人生を送ってしまうでしょう。

憲法には「国民主権」という概念があります。ところが私たちもよく知るように、日本では長い間私たちが一生懸命働いて払ってきた税金が、ムダ遣いされてきたことがここ十年あまりで明らかになりました。このような問題では、政治家や官僚に問題があることも事実でしょうが、いままでそのことを疑問視せず、考えることを放棄してしまっていた私たちにも責任があるのです。

第二の理由は、現在は「複雑な時代」になっていることが挙げられます。

各業種においては、「コストを安くする」必要がある一方で、「環境対策」にも力を入れることが求められています。過激な競争のなかでは社員の労働意欲が落ちる一方で、パワハラのような問題も起こっています。あるいはスピードが求められる半面で、差別化や対応のキメ細かさがますます求められています。日本全体でみるならば、日本という国を再び経済的に押し上げる必要がある一方で、国際化も成し遂げなければなりません。

とくに情報社会になった現在、対処に微妙なバランスが求められる問題は増えています。「論理的に」というより、非定型的な問題を個別に、しかも創造的に考えていかねば解決できないこともあります。

まさにマニュアル対応でなく、臨機応変な対応が求められている時代なのです。

さらに世の中を複雑にしているのは、現代はこれまでとは違い、経済的な幸福ばかりではなく、「内なる幸せ」が求められるようになっていることです。

経営者であれば、従来は「頑張れば、お金が稼げるぞ」と言えば、社員は皆ついてきたかもしれません。しかし現在は、「達成感」や「充実感」であったり、「自分らしさ」であったりと、それぞれが求めるものも違ってきています。

「求めるもの」が違っている以上、「こうすれば成功できる」とか「こうすれば幸せになれる」という普遍的な方法論などありえません。結局はそれぞれが自分で「自分なりの方法」を考え出さなければ、「成功」も「幸福」も手に入れることができなくなっているのです。

言い換えるなら、**現代は「考える力」によって「生き方」を確立した人でないと、自分ならではの幸せな人生がつくれない世の中になっているのです。**「考える力」がいかに重要かということです。

ポイント

「考える力」によって「生き方」を確立しよう

05

「会社の言いなり」になってはいないか？

「考える」という営みには、2つの種類があるのではないかと私は思っています。

一つ目は、「正しい結論にたどりつく」ために考えることです。

たとえば、世の中には「うまい話」というのがいくらでもあります。投資を勧めるような儲け話、あるいはセールスパーソンの都合のいい話もそうでしょう。これらの「うまい話」を聞いたとき、突き詰めて考えてみることもせず、雰囲気に流されてしまっては経済的な不利益を受けてしまいます。

まさか、自分はそんなふうに簡単にダマされない……。多くの人はそう思っているでしょうが、上司の言うことや、会社で常識になっている「当たり前」とされること、あるいはマスコミの情報など、私たちが「深く考えもせずに従っていること」はたくさんあります。

そのような「常識」は、仕事の結果に対しても、あるいは人生の選択に対しても、知らず知らずのうちに悪影響を及ぼしているのです。

たとえば法律の世界ならば、あまり将来のことを考えず、とりあえず入りやすいロースクール（法科大学院）などに入る人がいます。「そのほうがいい」と周囲の皆が言うから、そうしているのかもしれません。けれども卒業しても就職が難しかったり、将来の選択肢が非常に狭まったりすることはよくあることです。

お酒を飲んで運転をする。会社の言いなりになって悪事に手を染める。奥さんに隠れて浮気をする……。どれも世の中にはありがちなトラブルですが、よく考えてみれば、どれも「将来の自分に害を及ぼす可能性のあること」ばかりです。

それでも道を踏み外してしまう人がいるのは、やはり「考える」量が足りないからです。そのため、後々その代償を払わなくてはならない段階になってから、その大きさにとまどってしまうのです。私などはどうして予測が立たなかったのか、不思議に思えてなりません。

「見つからなければいいだろう」という甘い見込みで行動する人は、「見つかった場合」のことを想像していません。または、あえて「考えない」ようにしているのです。

「考えない」ことで、私たちは〝将来〟を見失ってしまうことがあります。結果が推論できず、「このまま行ったらどうなるだろうか」というリスクすら見えないの

です。

「考えないで行動する」ということは、このような非常に危険な行為なのです。

ポイント

考えないで行動することは非常に危険である

06

自分に見切りをつけるな！

人が考える場合、その目的として「正しい答えを出す」ということがあります。しかしこれまでも述べてきたように、世の中には私たちがどう考えたところで「正しい答え」などわからない問題も多くあります。

将来のこと、善悪の境のないこと、知る由《よし》もない相手の気持ちを慮《おもんぱか》ること……。このようにあげていくと、私たちの世界は「考えてもわからないこと」だらけなのかもしれません。

しかし、だから「考えない」というのは間違っています。それでも私たちは考えるべきなのです。実はそれが考えることの、二つ目の意味でもあるのです。

「考えること」は実はそれ自体が、幸せを感じたり、自分が成長することを自覚したりする喜びになっているということです。何かのために考えるのではなく、考えることそのものが、この場合は目的になります。

「下手な考え休むに似たり」という言葉があります。確かにその意味はわかります。素人判断を戒めたり、「未熟な自分の思考よりは、経験者の考えに従ったほうが得だ」ということを示唆しているのでしょう。

しかしながら、「考えること」自体が意味のある追究なのです。思考こそが自らを成長させる要因になっているのです。だとしたら、**どんなに「下手な考え」や「未熟な思考」であっても、私たちは考えることを止めてはいけないのです。**下手は下手なりに、一生懸命に考えればいいのです。

実際、下手な考えで失敗しても、私たちはそこから教訓を得ることができます。失敗は必ず、次の行動につながるのです。もちろん、「結果」にも大きく反映されるでしょう。

もし行動に移さなかったとしても、それだけで思考の訓練になります。**一度「考えた」という経験をつくるだけでも、脳は立派に成長しているのです。**

だからこそ「考えること」を、私たちは放棄してはいけません。

素人でもいい、未経験でも自信がなくてもいい。安易に人の言葉に従うのではなく、頭をフル活動させて、考え続ける努力をしなければならないのだと思います。

ポイント

最初は「下手」でいい、とにかくやめないこと！

07

「ゴール」から発想するか、「見えないゴール」へ突き進むか

私たちが考える目的のひとつ目は、正しい答えを出すため、二つ目は、考えることそれ自体が思考力を高めるから、というお話をしました。しかし、この2つは方法論では異なっています。

最初の**「正しい答えを出すために考える」**場合は、目的がハッキリしています。たとえば売上を上げるためにベストな方法を考える場合や、試験に合格する方法を考えるときなどがそれです。

このような場合は目的が明確になっているため、考える段取りとしては、まず到達したいゴールを設定し、「そこに到達するにはどうすればいいだろう？」と遡《さかのぼ》るやり方になります。

「Aという会社に入りたい→そこに入るには、B、C、Dという技術が必要になる→いまの自分に足りないのはCの技術だから、それをまずは身につけよう」というように、道筋をつけることができるのです。このような思考法を私は「ゴールからの発想」と呼んでいますが、最も効果的であり、最も合理的な方法を見つけることが重要になります。

世間に出回っている考えるための方法論は、ほとんどがこの「ゴール

からの発想」に終始しています。そのために論理的思考がもてはやされ、最短で結論にたどりつくためのノウハウが人気を集めています。

しかし後者の**「考えることそのものを目的とする」**場合は、まったく事情が異なってきます。

ゴールはどこに到達するかわかりません。結論が見えないまま、未知なる解答に向かって突き進むような発想法が必要になるのです。

たとえば「来年の経済状況はどうなるだろうか?」とか、あるいは「10年後の自分はどうなっているだろうか?」という問題があります。

このような問いに対して、「答えはこうだ」と簡単に決めつけてしまう人がいたとします。それでは答えというゴールを先に用意し、その根拠を探していくのと同じであり、先の「ゴールからの発想」と同じになってしまいます。このような場合は答え自体を論理的に導き出しているのではなく、単なる勘で出しているわけですから、正しく考えを積み重ねたことになりません。

本当は多くの相反する情報を集め、さまざまな可能性を検討しながら物事の本質をつかむ根気が必要になります。

しかし多くの人は、どうしても他の意見や直感に惑わされ、安易な答えに走ってしまうのです。論拠をこじつけることなど、テクニックでいくらでも可能ですから、他の可能性を考えることもできなくなってしまうのです。

多くのアナリストが予測を間違えるのは、ここに理由のひとつがあると言っていいでしょう。

ポイント

安易な答えに飛びつくな！

08

いざというときに選択肢がいくつあるか？

たとえば「将来のために、いま自分が何を選択すべきか」という問いは、いくら考えたところで正解など出しようのない問題です。

けれども、もし「考える」ということをしなければ、私たちは自分の人生を非常に限定された選択肢のなかから選ぶことしかできなくなります。それは自分の可能性を潰し、出る結果を大きく損ねることにならないでしょうか。

たとえば文系の科目が得意な学生が、ここにいたとしましょう。「文系の大学を選んだほうが、いい大学に入れる可能性が高い」と先生に言われたとします。さらに両親からは、「就職するなら一流大学の法学部が有利だ」と言われました。結果的に、その学生は深く考えることもせずに法学部に入りました。さて、この学生を待ちうけているのはどのような事態でしょうか。

確かに法律の勉強を極めれば、その人には輝かしい未来が待っているかもしれません。けれども、この学生はもともと法律にはまったく興味がないのです。コンピュータなどをいじっていたほうが、自分としては面白いと思っている人間であれば、極論かもしれませんが、大学には行かずに専門学校でプログラミングなどを学んだほうが、自分の望む道に近づいていけたかもしれないのです。

『超凡思考』(幻冬舎)という本を私と共著で出した、岩瀬大輔さんという方がいます。ハーバード・ビジネス・スクールでMBAを上位5パーセントという好成績で取得し、その後はライフネット生命保険という会社を立ち上げて活躍しています。

しかし、そんな彼も伊藤塾の卒業生なのです。司法試験の勉強をして、見事に合格も果たしています。

普通なら弁護士などの職業を選ぶのが当然と思われるでしょうが、彼は「本当にそれが自分のやりたいことなのか」と真剣に考えたと言います。さまざまな選択肢が彼の頭のなかにあったでしょうが、最終的には「コンサルタント会社に入る」という、まったく独自の道を選んだわけです。

もちろん、何が正しいかなどということは、本当のところは選んでみなければわかりません。**しかし自分の人生にはAという選択肢もあれば、Bという選択肢もある、さらにCもDもあるんだ……と考えていけば、仮に途中で引き返すとしても、**

とれる道は多岐にわたってきます。

逆に何も考えなければ、いざというときに、選ぶべき選択肢がありません。人は考えれば考えるほど、自分の可能性を広げることができるのです。

ポイント

考えれば考えるほど可能性は広がる

09
ただの「物知り」に価値はない

いまの時代はこれまでになく「考える」ことが重要になってきた時代といえます。それはインターネットによって、誰もが情報や知識を簡単に手に入れられるようになったからといえるでしょう。

かつてなら本を多読している人しか〝物知り〟にはなれませんでしたから、博識な人は重宝されました。けれども現在は、キーボードを叩いて検索すれば、知りたいことはいくらでも見つかります。単なる〝物知り〟には価値がなくなってしまったわけです。

誰もが知識を持てる時代において、**より価値が出てくるのは、さまざまな知識を組み合わせて新しいものを生み出したり、さまざまな情報からその先を推論したりする能力です。**

しかも、それらを迅速に行い、かつオリジナルな提案を導きだせる、頭の回転の速さが求められるようになっています。本来的な人間の持つ「考える能力」によって、差がつく時代になってきたということでしょう。

アメリカにCIAという機関がありますが、これは「Central Intelligence

Agency」の略です。「I」は「インテリジェンス（知能、Intelligence）」であって「インフォメーション（情報、Information）」ではありません。

つまり、日本では彼らを「国際的な極秘情報を収集する機関」と思っていますが、そうでなく「それらの情報を分析し、使いこなすことを徹底的に考える機関」であるということです。

大学の法学部に入ると、先生が必ず言うことに「法律の世界に正解はない」というものがあります。いくら知識を集めて「生きた六法全書」のようになっても、法曹《ほうそう》界では何もできないのです。**つねに求められるのは、頭のなかの知識を総動員して、目の前の問題に対処できる能力です。**

社会の変化に対応して、法律はつねに変わっていきます。社会で起こる問題も、年々、新しい質のものになっていきます。これは情報技術の進歩で、めまぐるしく変化するビジネスの世界でも同じでしょう。

そうなると私たちの前には、以前なら考えもしなかった問題が次々と立ち塞がることになります。過去の情報や知識のデータベースを探ったところで、それらに対する答えは見つかりません。

あらゆる過去の知識や情報を組み合わせて、「新しい答え」をつくりだせる人しか、これからの時代に成功することはできないのです。

ポイント

「新しい答え」をつくりだせる人が成功する

10

脳の仕事量は「回転数×時間」で求められる

「大量の知識を暗記するのではなく、それらを使って考えることが重要だというのは、わかった。けれどもどうすれば、頭の処理速度を上げられるのか」という疑問をお持ちの方は多いと思います。言い換えれば、「どうすればスピード思考ができるようになるのか」ということを、本書を手にとった方は知りたいのだと思います。

まさにそれがこの本のテーマになるのですが、結論を言ってしまえば、次の公式が答えになるでしょう。

脳の仕事量＝回転数×時間

「回転数」が「脳の処理速度」ということになりますから、単純に考えれば、限られた時間で「考えること」を繰り返し訓練すればするほど、その処理速度は上がります。

これまでも、「考えてムダになることなんて何もない」「とにかく徹底的に考えよう」と〝考える時間〟をつくることをこの本では推奨してきました。考える訓練をすればするほど、あなたは迅速に頭を回転させることができるようになるわけです。

つまり「考えること」に時間を費やせば費やすほど、あなたは頭の回転速度をあげられるようになるということです。だから司法試験などでは、1年よりも2年、2年よりも3年、3年よりも5年、10年と、〝考える勉強をし続けた人のほうが有利〟になっていくのです。

伊藤塾では、早くから「考えること」の重要性に気づき、法律の問題を解く処理速度を短期間で上げるトレーニングを開発してきました。だからこそ1年や2年という短期間で合格する人が多いのです。それが当塾の評判を高めた要因になっているわけです。

では、私たちは一体どういうことをやっているのでしょうか？

それは、先の公式を見ていただければわかると思います。**確かに短期間だと、「時間」の係数は小さくなります。しかしそのぶん「回転数」の値を大きくすれば、結果的に脳の仕事量は高まることになります。**

では、どうすれば一定時間における脳の「回転数」が大きくなるのでしょうか。

そのキーワードは、**「集中力」**ということになってきます。

ポイント

「時間をかければうまくいく」なんて、口にするな！

11

脳の回転数は「モチベーション」の高さで決まる

集中力を高め、脳の回転数を高めていくノウハウについては、「ステップ4」のトレーニング部分で詳しく述べていきますが、まずは〝**決められた時間で考える**〟ことに頭を慣らしていくことが大切になります。

試験には当然、制限時間があります。そのため伊藤塾では、問題を解くときには必ず「30問を1時間で解いてください」といった形で、時間を区切っています。

そうすると当然、脳にはプレッシャーがかかりますから、より問題に集中するようになり、イヤでも回転数が高まることになります。「短期間で大量のことを考える」ことを反復していけば、その処理速度は次第に上がっていくわけです。

しかし、こんなふうにプレッシャーをかけて集中力を高めるだけでは、頭のほうが持ちません。**回転数を上げるためには、イヤイヤ考えるのではなく、「考えることが面白い」と感じて自分から集中できる、モチベーションの高さも重要になります。**

モチベーションを上げるためにはどうすればいいでしょうか。試験に合格したあとの楽しい未来を想像することもそのひとつでしょうが、もっと効果的なのは、目の前に提示された法律の問題を解くこと自体が〝楽しい〟と思えることです。

「そんなことできるわけがない」と思われそうですが、すべては「法律」に関する問題なのです。法の世界を理解し、そのなかで生じる問題について考えることに意味を見いだしていけば、「考えること」はどんどん面白いものになっていきます。

だからこそ、伊藤塾ではただ受験テクニックを教えるだけでなく、法律の楽しさを塾生たちに理解してもらうことに重きを置いています。

たとえばかつての司法試験は、民事訴訟法と刑事訴訟法のうち、「どちらかひとつを選べばいい」ということになっていました。そのため多くの受験指導校は、「余計なことは教えなくてもいい」ということで、どちらかの選択制にしていました。

しかし法律の醍醐味を味わうためには、両方を知っていたほうがいいのです。受験には効率的でも、法律の全体像をつかむためには、どちらか一方だけを知ればいいという考え方はおかしいのです。だから私の塾では、両方を全員必須で教えていました。

その後しばらくして、やはり「趣旨としておかしい」ということになったのでしょう。その後は民事訴訟法も刑事訴訟法も、どちらも試験で必須の科目になりました。

多くの受験指導校がカリキュラムの変更に苦心するなかで、伊藤塾だけが評判を上げたのは言うまでもありません。

ポイント

意味を見いだせれば「考えること」はどんどん面白くなる

12

ひとつの疑問にとことんこだわってみる

考えること自体が喜びでありモチベーションになる例としては、次のようなものがあります。たとえば、ある難しい問題を考え続けているがなかなか解けなかったのに、ある瞬間に、「あっ、そうか。なるほど！」と分かったときなどがそうです。突然理解できたときのスッキリ感には、はかりしれないものがあります。たとえるなら、霧のなかの山道をずっと車で走っていたのが、急にパッと視界の開けた場所に出て、向こうに真っ青な海が広がっている……そんな感覚の知的快感には思わず体が震えます。最近は茂木健一郎先生が「アハ体験」ということを言っていますが、おそらくはそれに等しいものでしょう。

そういう快感は、美味しいものを食べたときや、素晴らしい音楽を聴いたり、絵画を見たりして脳が刺激されたときの快感と同様だと思います。こんな刺激を得られる体験が、楽しくないわけがありません。

ビジネスでもそうでしょうが、法律の世界も、実は未知なる問題のオンパレードです。試験でもそうですが、「これは解けるか？」「これならどう考える？」といった課題が、次々と私たちには提示されるわけです。それはパズルのようなものを、次々と難易度を高くされながら人生において出題されているようなものといえるでしょう。

もしそうだとしたら、問題を解くことが「苦難」である人と、「楽しみ」である人の間に大きな差が出るのは、当然ではないでしょうか。**前者が思考を放棄して自分のレベルをそこで止めてしまうのに対し、後者の人はどんどん難易度の高い問題に挑戦して、自分自身のレベルを高めていくことができます。**

両者の違いは、目の前の問題に「面白い」と取り組むか、「わからないからいいや」と断念するかにあるのです。疑問を疑問のままにしておかず、「考え続ける」ことの重要性がここに現れてきます。

実際に成功者たちの話を聞くと、電車に乗っていても、歩いていても、ご飯を食べていても、ひとつの問題についてずっと考え続けていたりします。

「楽しい」という以上に、「考えずにはいられない」ということなのでしょうが、ある日突然、解決法が夢に出てきたりするそうです。このような経験を繰り返すと、どんどん「考えること」それ自体が快感になるのです。

重要なことは、まずは「ひとつの疑問点にこだわってみる」ことです。

そして、そのことに「喜びを見いだしていくこと」なのだと思います。

ポイント

「問題を解くこと」に喜びを見いだそう

13
「わかったつもり」はいちばん危険

最近は「考えること」に手を抜こうとしている態度が、社会のあらゆる場面に見いだされます。

とくに私が気にしているのは、新しく始まった裁判員制度です。制度自体も拙速で問題はあるのですが、極力、迅速性や効率性を重視して、裁判員に負担をかけないように、専門家が加工してわかりやすい証拠を見せようと工夫をしているように思います。

しかしこの制度は、法律の専門家でない立場の人間が、部外者の立場から真剣に考えて、ひとつの意見を導きだすことに意味があるわけです。時間をかけてじっくり考えるのが本筋であって、プロが組み立てた道筋に従って手早く考えるのは本末転倒です。

実際、いまの世の中はテレビなどのメディアが発達したことにより、識者やコメンテーターが、社会のあらゆる問題をバッサリ切り捨てた〝手っ取り早い結論〟を用意してくれています。

だから視聴者は自分で物事をよく考えもせず、「わかったつもり」になって、そのまま他人の意見を自分の結論として受け入れてしまうのです。

これは非常に危険な兆候ではないでしょうか。

「わかったつもり」というのは、本当のところ、何もわかっていないのです。だから「本当にそれで正しいの？」と問われても、自分で論拠を述べることができません。

要するに他人の意見に振り回されているだけです。

そのような状況下で、他人が有罪・無罪であるか、あるいは刑の重さをどれほどにすべきかなのかということを決めるとしたら、誰かの思惑に沿ったものになってしまう可能性が高くなります。

人生において諸問題を考えるのも同様です。「自分で考えない」ということは、結局は他人の意見や社会の風潮に流されているだけなのです。そのような生き方をしてきた人が、「生きる」というプロセスのなかにある幸福を見いだせるかといったら、私には疑問に思えます。

自分にとって大切な選択をするためにこそ、私たちは「考える」ということに手を抜いてはいけないのです。

紆《う》余《よ》曲折《きょくせつ》して時間がかかっても、考え続けるべきで、その過程の先にこそ、「幸福」というものが存在するのではないでしょうか。

ポイント

「考える」ことで手を抜いてはいけない

ステップ2

シンプルに考えるクセをつけろ

14

「経験」はすべて自分の糧になる

この本の冒頭では、何らかの目標を達成するための勉強として「考える」場合と、真理を探究して「考える」場合の、2通りの「考える」があることを説明しました。

たとえば司法試験を考えた場合、合格するために頭を使うのはとても重要なことです。しかし、合格さえしてしまえば、それで「考える」作業が終わるわけではもちろんありません。法律家として成功するためには、ある意味で司法試験を突破する以上の大きな問題を、考え続けなければいけなくなっていきます。

とくに法律家の場合は、「ステップ3」でも述べますが、「事実」と「論理」と「言葉」で人を説得する仕事です。それらを駆使しながら考えていく力に磨きをかけていかないと、やはり未成熟に終わってしまうでしょう。

もちろん、そのことは他の仕事でも同じです。研究者であれば、研究論文を書き上げても、さらにその先のテーマについて考えていかないと、その分野で何かを成し遂げることはできません。一般のビジネスでももちろん同じで、私たちは「考える」という作業によって、自分のステージをどんどん上げていかなければならないのです。

考えるテーマは、気を付けて見渡せば、誰の身の回りにもいたるところに転がっているはずです。

いつでも私たちはどこかに課題を残しているし、仕事をしていれば、必ず求められている何かがあります。これから将来にわたり、「やろうと思えばできること」はたくさん出てくるはずです。

そんなふうに「考えること」を見つけることが、まずは「考える力」を身につけるための大前提だと思います。

それがときには「目標」になるし、「永遠に考えていかねばならない課題」になることもあります。それに対して立ち向かっていくことが、重要なことなのです。

ときには考えることが面倒になったり、とくに対人関係などでは、「考えたくもない」ときというのもあるでしょう。**しかし、どのようなことでも考えれば考えるだけ、その「考えたこと」が自分の糧となります。**

考える力を強化するための最大の方法は、何よりたくさん考えること、そんな割り切りをもって「考えること」を続けていくべきなのです。しかもコツさえつかめば、それはとても「楽しいこと」になるはずなのですから。

ポイント

「考えたくないこと」から逃げてはいけない！

15
理解する、記憶するのは何のため？

「考える」ことの意義を、もう少し追究してみましょう。

人間の知的作業は、次の4つのプロセスからできあがっているのではないかと私は思っています。

理解する→記憶する→考える→表現する

そもそも人は、頭のなかに何も情報や知識がない状態で「考える」ことはできません。「理解」と「記憶」は、考える前段階として必ず必要になってきます。

しかし、**いくら情報や知識を記憶したところで、それは単に「知っている」だけにすぎず、何かを考えるための道標にはなりません。**試験問題で正しい解答を欄に埋めるだけならともかく、自分の頭で論理を組み立てるには、必ずある問題について「自分なりに理解する」というプロセスが必要になります。

たとえば「法律」というものについて考える場合、まず押さえなければばならないのは、「どうしてその法律ができたのか」という、先人が考えた理屈になります。それがわからないと問題の本質がつかめません。

法律以外でもそれは同じことです。たとえば「相対性理論」という有名な理論がありますが、そもそもどのような問題を解決するためにこの法則があるのかを知らなければ、試験問題には答えられても、物理の諸問題を考察したり、あるいは新しい技術を生み出したりする際に、この法則を使いこなすことはできないわけです。

これら先人が考えたことを自分の頭のなかで再構成し、考えるための素材としてストックしておく、これが「記憶」です。

ですから本来の記憶の使用法とは、「年号が一年違う」とか、「綴りが一文字違っている」とか、そのような些末な問題を指摘するためではないのです。そのような細かいことは辞書でもインターネットでも代替可能なわけですから。

むろん記憶したことを完全に忘れてしまっては意味がありませんが、正確に覚えていることよりも、むしろ**自分がある問題を考えようとするときに「この問題はこういうふうに理解すべきだったたな」と、それを思考の道具として使えるか否かが重要になります。**

考える際に必要な最低限の素材と道具を手に入れる。これが「理解」であり、「記憶」ということなのです。

ポイント

まず「先人が考えたこと」を理解してみる

16

セオリーや過去の蓄積を「勉強」する

「理解」や「記憶」のために必要なのは、「勉強」です。

しかし、「試験のため」に勉強するならともかく、私たちは「自分を伸ばそう」とか「もっと可能性を広げよう」という先の見えないことに対しての勉強に関しては、積極的でない傾向があります。このような姿勢は結果的に自分の成長を阻《はば》むことになります。

たとえばどのような仕事であっても、その仕事で「セオリーとされていること」があるでしょうし、その仕事の先人が確立したノウハウがあります。**これらをまったく修得せずして、「面白い仕事ができない」とか「自分には難しい」と思考停止しているのは本末転到です。**まず「基礎」として、それらをしっかり身につけることが出発点でしょう。

けれども現実には、常に「セオリーどおり」、「先人のノウハウどおり」やっていたのでは、うまくいかないこともあります。しかしだからこそ「セオリー」や「過去のノウハウ」を勉強して土台にすることで、自分で考え、そこにプラスアルファを乗せていくわけです。その結果、「自分らしさ」や「自分が面白いと思えるような仕事のやり方」が見えてくるのです。

これは個々の知識や情報に関しても同じです。

「自分には企画能力がない」「プレゼン能力がない」と嘆きながら、その実、「どんな企画が成功しているのか」を調べようとしないし、「どんなプレゼンがうまくいっているか」も研究していない人が多いように見受けられます。

確かに最終的には「いかに自分独自の思考ができるか」が重要になるのでしょうが、誰だって土台に何もない状態からオリジナルな思考ができるわけもありません。「理解し、記憶する過程」というのは、いくらやってもやりすぎるということがないと言っていいほど、とても重要なことなのです。

それでも多くの人が、知識や勉強が役に立たないと誤解しているのは、「せっかく身につけた情報が役に立たない」とか、「知識が使えない」ことを実感してしまうからかもしれません。しかし、そのようなことは当然で、情報や知識はあくまで「素材」でしかなく、そこから結論を導きだすのは、自分自身の「考える作業」だからです。

「役に立つ知識を」という目的で「正解」ばかりを集めようとしている人は、結局

ムダなことに時間を費やすことになるでしょう。

「最近の新司法試験合格者は、与えられた案件とよく似た事例の判例を検索する能力には長けているが、自分の頭で考えない」とある先輩実務家が嘆いていました。ロースクールで「考える勉強」という名の下に正解を探す訓練ばかりをしてしまった人が実は多いのです。

ポイント

勉強は記憶するためにだけやるものではない！

17
「表現する」ことで人間関係がつながっていく

何かを読んだり、人から話を聞いたりした情報を、さらによく自分の頭で理解し、記憶する、そのプロセスを経て私たちは「考える」行為を実行できます。

さらに「考えたこと」は、その後自分の言葉で新たに「表現する」ことも、とても重要になってきます。

多くの人は、「考える」という作業を非常にパーソナルな営みのように思っています。しかし私たちは考えたことを、さらにひとつの成果として表現して相手に渡しているわけですから、多くの場合は自分一人だけの営みではなく、社会的な営みといえることができます。ある人の考えを受け取った相手は、再び「理解し、記憶し、自分の頭で考える」という作業を通して、自分独自の「考え」をさらに誰かに表現していくのです。

おそらく組織や自分を取り巻く集団、もっと広く言えば社会や文化というものは、そのようにして発展していくのではないでしょうか。

これは単に「他人の役に立つ」ということでなく、**自らの「考え」を**

表現することによって、人は自分のかかわる人間関係を強くすることができるのです。

それは会社のような人間関係を見れば、一目瞭然だと思います。

あなたが「この人は信頼できる」とみなしている人の多くは、その人がどのような考えを持っているかをだいたい理解し、その考えがどこかで自分にも影響を与えているような人ではないでしょうか。

逆に「何を考えているかわからない」という人との間には、どうしても距離を保とうとしてしまうものです。まさしく人間関係は、「考えて、表現する」という行為によってつながっていくものなのです。

しかし、一言で「表現する」といっても、そのやり方はさまざまです。詳しくは「ステップ5」で述べていくことになりますが、「口で話す」ということも表現なら、「文字に書く」ということも表現です。最近ではブログなどを更新するのも、やはり「自分の考えを表現する」という行為になるでしょう。

たとえばブログで何らかの考えを表現すれば、その考えに共感する、あなたのまったく知らなかった人がアクセスしてくれる可能性もあります。それも「考え」によって人間関係が広がったということに違いないのです。それだけでも大きなことですが、場合によってはその関係が仕事につながるようなこともあるでしょう。

そのように**「表現する」という活動は、「考えること」によって広げた可能性を、さらに大きなものにすることにつながります。**

だとしたら、「考えっぱなし」にしておくのは、もったいないことなのかもしれません。

ポイント

「考えたこと」は何らかの形で表現してみる

18

1日5分、「考える時間」を確保せよ

「理解する→記憶する→考える→表現する」というプロセスを、日常の生活でどのように実践するかについて考えてみましょう。

通常、私たちは本を読んだり、人の話を聞いたりするとき、「この人はどんなことを言いたいんだろう」と、「理解する」作業をしながら話を受容しています。

受験勉強などでは「理解よりも記憶」しなければならない場合もあるかもしれませんが、一般の仕事で知識を活用する私たちには、その必要はありません。

「自分にとって重要」と意識された部分だけが、自然と頭のなかに「記憶」として保存されていきます。

しかしその「記憶」も、すぐに「考える」という作業で使われなければ、簡単に忘れ去ってしまいます。本で読んだ知識、セミナーで学んだことなどが、そのまま消えていくだけになってしまっている人も多いのではないでしょうか。

通常、「考える」という作業は、何か解決すべき問題があるときしか、

意識してそのための時間を設けません。だからこそ「理解」というプロセスを経たあと、記憶を強化するためにも、あらためて「考える時間」をつくりだしてほしいのです。

それはとても簡単なことで構いません。**たとえば本などを読んだとき、「この内容を自分はどう生かせるだろうか」と、5分くらい考えてみるのです。**私はとくに仕事がら、「法的な立場から考えてみる」ということをよくやりますが、それだけで自分の問題意識が大きく発展していきます。

さらに加えると、「表現する」という活動を日常生活に組み込むと、逆算して「考える」作業をイヤでもせざるをえなくなります。

幸いにも私は、本を書いたり、講演や講義をしたりと、発表の場が仕事のなかにあるため、読んだことを自分なりにまとめてみたり、問題点を考察してみたりする機会に恵まれています。

多くの方はなかなかそうもいかないでしょうが、「表現」というのは、本来はそれでお金をもらうためにやるものではありません。

仕事でなくとも、たとえばパートナーや友人に話してみるとか、考えたことをノートやブログにまとめるなどして、「表現」を習慣化してしまえば、「考えること」も自然な形で日常へ組み込まれるでしょう。

ポイント

考えたことは、その日のうちに誰かに話してみる

19

論理的な結論だけが正しいわけではない

人間の活動プロセスのなかで「考える」ということを意味づけましたが、もうひとつ、人間の心で「考える」活動がどういうものかを知っておくことも重要です。

最近はロジカルシンキングや知的生産術という形で、考えることのノウハウばかりが問われています。

しかし本来は「知情意」という言葉があるように、**「知」の生産は、「情＝感情、感性」や「意＝意識、意欲、モチベーション」と並立にあるものな**のです。感性や意欲の部分を除いて、考える力だけ身につけようとしても、うまくはいきません。

実際、頭が切れて、飲み込みも早い、優れた意見も言うのに、仕事ができない……という人は大勢います。どうしてそういうことが起きてしまうのかといえば、「忍耐力がなくてすぐに課題を諦めてしまう」とか、「相手の気持ちを考えずに、ずけずけとものを言うから、人に嫌われてしまう」とか、思考力以外の感情、感性に問題点があるからです。「情」や「意」の部分に欠けているために、せっかくの頭の回転の速さが活用できておらず、とてももったいないことです。

より規模の大きな話をすれば、たとえば原爆やその他の大量破壊兵器類などは、ある種の人々の「頭のよさ」から生まれたものです。完全犯罪を意図した犯罪計画なども、「頭のよさ」に自信がある人が引き起こします。

しかしそのようなことの結果は、見れば明らかなように、他人を幸せにしないどころか、自分さえも幸福にはできません。**「考える力」というのは、それさえあれば成功をつかめるような、万能のノウハウでは決してないのです。**

重要なことは、「バランス」ではないでしょうか。

たとえば仕事の用事と、恋人とのデートの約束があったとします。その二つがかち合ってしまったとき、「仕事で活躍して自分のステータスや収入を上げれば、恋人にも貢献できる」と、「合理的な選択」をして前者を優先させてしまうようなことも多々あるでしょう。それは理性的に「考える作業」をした結果の結論です。

しかし現実はそのように合理的にはいきません。その日に優先したい自分の感情もあるでしょうし、前回に会ったときの雰囲気もあるでしょう。ケースバイケース、あるいは自分の心情によって優先順位は変わってくるのです。

些細なことですが、こうしたことにも私たちはトータルな人間の営みとして問題を考え、「いまの自分にとっての正しい選択」をしていく必要があるのです。

ポイント

何でも合理的に選択すれば成功するなんて大間違い

20

悲観的に準備して、楽観的に行動する

よく、「物事は楽観的に考えなさい」ということが言われます。楽観的に生きることは確かに生きるうえで大切なことですし、私もたびたび本のなかで、そういった思考の大切さを説いてきました。

しかし一方で、リスクや不利益になる可能性を前もって考慮しておくことも重要なことです。あれやこれや心配してみることも、決してムダにはなりません。むしろ、**「悲観的に準備して、楽観的に行動する」**ということが、一番正しいのではないかと思うのです。

かつて私は、アフガニスタンの紛争地帯に取材で入ったカメラマンの話を聞いたことがあります。周辺では武装テロリストによるゲリラ活動が活発になっていました。

このような環境下では、夜中に寝泊まりしているだけでも、マシンガンで襲撃されることがあるそうです。実際に自分の周囲でそのような出来事があった次の日の朝、「ああ、よかった、攻撃が収まったなあ」とテントを出て、畑に行こうとしたら、誰かに「ちょっと待て、動くな」と怒鳴られたそうです。

それは、「地雷が仕掛けられているかもしれない」とのことだったのですが、場所はわからないし、本当にあるのかもわからない。このときの漠然とした恐怖感は、ものすごいものだったそうです。

こんなときにまで「自分は正しいことをやっているんだから大丈夫！」と楽観的に構えていたのでは、あとで取り返しのつかないことになります。あらゆる危険性を想定しながら、**「もし、こうなったら、こういう行動をとろう」「最悪こうなった場合のために、こういう準備はしておこう」と、前もってリスクに対処する術を考えておく必要もあるのです。**

日本で通常の生活を送っている限りにおいては、そこまでの緊迫感はないかもしれませんが、いまの不確実な時代というのも、ある意味では同じような側面をもったものではないでしょうか。がむしゃらに「何があっても大丈夫」で突き進むのではなく、「このままでいいのだろうか？」「うまくいくだろうか？」という不安を頭のなかで描き、「もし、こういうことが起こったらこうしよう」「それを防ぐために、こういう対抗策をとっておこう」とリスクを軽減する手を打っておくのです。

このような生き方は、あえて不安と向き合っていくわけですから、行き当たりばったりの出たとこ勝負という生き方よりも、かなり勇気がいる生き方かもしれません。

しかし、「不安を解消して、安心感を増すこと」も、自信をもって生きるための手段です。人は自分の内側にある「否定的な思考」とも、やはり向き合わなければならないのです。

ポイント

ときには「悲観的な思考」を重んじてみる

21

「５Ｗ１Ｈ」で「どうしたら彼女が一番喜ぶか」を考えてみる

では、実際にはどのような手順で、私たちは「考える」作業をしていけばいいのでしょうか？

まずは前提となる「考えるべきこと」を、明確にしておく必要があります。

そのときよく言われるのは、「５Ｗ１Ｈ」をハッキリさせるということです。

Who＝誰が、When＝いつ、Where＝どこで、What＝何を、Why＝なぜ、How＝どのように、ですが、これらを全部一緒に考えてしまうと、焦点がわからなくなってしまいます。

たとえば、「彼女の誕生日だ」という場合を考えてみましょう。日にち（When）はハッキリしていますし、自分（Who）が、彼女（What）を、喜ばせるため（Why）も明確でしょう。

しかし、そこから「どこへデートに連れていこうかな」と漠然と考えていっても、思考は紆余曲折してしまいます。なぜなら、「どのように彼女を喜ばすか」という「How」の部分によって、場所の選択肢が変わってくるからです。

たとえば「プレゼントを贈ろう」と決めたとします。それも奮発して、指輪を贈ることにしました。だとしたら渡す場所は「ロマンチックな場所がいい」ということで、夜景の見える公園とか、展望レストランのような場所が絞られてきます。

「こういう機会だから、彼女の両親も招いて食事をしよう」

「手づくりの素晴らしい作品をプレゼントしよう」

「サプライズで友人たちも招いて何かをしよう」

「ヘリコプターに乗るなんてどうだろうか」

アイディアはいろいろ出るでしょう。**しかし、すべての成否は「Ｈｏｗ」の部分の、「どうすれば彼女が一番喜ぶだろうか」という問題に対する答えにかかっているわけです。**

「場所に凝る」とか、「プレゼントに凝る」とか、どんな奇抜な発想を思いついたところで、相手が喜ばなければ、目的に合致した思考にはなりません。

考えがまとまらない場合は、考える焦点が特定できていないことがよくあります。

たとえば飲酒運転の厳罰化のような議論でも、「飲んで運転する人間を許さないこと」が目的なのか、「交通をより安全にすること」が目的なのか。ここをよく考えないと、本末転倒の話になってしまうのです。

ポイント

問題は「5W1H」で明確にして考えよ

22

一部を全体視せず、プラスに考える

よくコップに半分の水が入っているのを見て、「半分しか水が入ってないよ」とマイナスに考える人と、「半分も入っているよ」とプラスに考える人がいると言われます。

そして、たいてい成功するのは、プラスに考えるほうの人とも言われています。

たとえば「モノが売れない」という時代において、「だから、何をつくってもダメだ」と考えてしまっては、そこで挑戦は終わってしまいます。そうではなく、「皆が売れない時代だからこそ、ここで面白いものをつくれば、一気に飛躍するチャンスだ」ととらえた人は、積極的な努力を始めます。

どちらがうまくいきやすいかは、すぐに想像がつくでしょう。

けれども、どうしても悲観的に考えてしまう人はこれがうまくできません。私自身も物事を悪く考えてしまう傾向があったものですから、よくわかります。

悲観的な思考にとらわれる人は、考えすぎているようでいて、実は

「考えること」が足りないのです。というのも、客観的に分析していけば、どんな問題にも「プラスの可能性」と「マイナスの可能性」があるわけで、多くの可能性を検討していけば、悲観的な答えはその一部でしかないことがわかるはずなのです。

ですから、物事をつい悲観的に見てしまう人にぜひ試みてほしいのは、**一部を全体視しない**ことです。

たとえば好きな相手に失恋をしたとします。「だから自分はダメなんだ」というのは、自分を〝失恋した存在〟としか見ていないことになります。

でも、そこで「本当に自分はダメなヤツなのか?」ということを冷静に考えてみてほしいのです。「そんなことはない。こういういい部分はあるし、仕事ではこういうことがうまくいっている。自分を好いてくれる友人もいっぱいいるじゃないか」、そう考えられたら成功です。それがうまくいけば、確かに「失恋した」のは事実ではあるけど、そこから飛躍して、だから「ダメな自分」と、自らを否定するばかりの見方は間違いだということがわかります。

さらに「可能性」も、多くを検討してみることをお勧めします。

「失恋した。自分は誰からも愛されないんだ」となってしまったときに、「果たして今後もそうなのだろうか？」と、将来の可能性をも考えてみるのです。そうすれば、いくらでも「うまくいくパターン」は想像できるわけです。たしかに現在は、目先のショックにとらわれているとしても、それは今だけのことで、将来にわたって同じことが繰り返されるという思い込みは正しくないということがわかるでしょう。

もちろん気持ちが落ち込んだときに、こんな心の切り替えを簡単にできるわけではありません。しかし重要なことは、**「自分はいま、マイナスにとらわれているから、プラスが見えていない」ということを意識すること**なのです。

落ち込んでいるときはそれでもいいけれど、徐々に「マイナスの視点」をプラスに動かしていけるようにしましょう。

ポイント

つねに「プラスの可能性」を考えてみよ！

23

原点に立ち返って、シンプル化する

考える際には、できるだけ問題を単純化してシンプルに考えないと、堂々巡りに陥ってしまいます。「同時にいろいろなことを考える」のは、かなりの高等技術ですから、できるだけ問題を単線化して、「難しい問題」を「シンプルな問題の組み合わせ」にして整理する必要があるでしょう。

しかし「考える問題をシンプル化する」にも、やはりそれなりのスキルが必要になります。そのためには前に述べた「5W1H」をハッキリさせるとか、後の章で述べる「図解で考える」という作業が有効になってきます。

もうひとつ重要なことは、「原点に返る」ことです。

とくに法律などの場合、**派生する問題にばかり目を奪われ、本質にあった問題を忘れて議論すると大変なことになる可能性があります。**そのため、「こんな法律はおかしい」と短絡的に考える前に、「そもそもどうしてこの法律があるのか」という問題に立ち返ってみる必要があります。

たとえば、議会の「二院制」という制度があります。ねじれ国会のような状況になると、「参議院なんかいらない。一院制にしてしまえ」という議論が出てきます。しかし、もともと「二院制」というのは、戦後、「マッカーサー草案」が一院制で提案してきたのに対し、それを見直して、日本がわざわざ「二院制」にしたものです。

どうしてかといえば、「一院制だと権力が暴走するのではないか」という懸念があったからです。権力の暴走が起こった場合、それに対する歯止めとして、「立法権」という権力自体を2つに分ける案が出されたのです。あえて多様な民意を反映させることで、立法権内部で相互が抑制しあう仕組みにしたわけです。

そのような原点を振り返ってみると、「意見がまとまらないから一院制にすべきだ」というのはそもそもがおかしい発言だということがわかります。問題は「民意をまとめるためには、どのように議論したら正しい答えが得られるか」ということにあるわけです。

「議員の数が多すぎる」とか、「時間がもったいない」という議論も、それとは別な趣旨の問題になります。

このように、**「そもそもの趣旨を考えてみる」というのは、とても重要なことです。**

「この会社の社会的な役割はどこにあるのか？」
「一体、自分は誰のために働いているのか？」
「何のためにこの仕事をやっているのか？」

こうした原点に立ち返ることで、仕事の問題も整理されるかもしれません。

ポイント

難しい問題は「シンプル」にして考えてみる

24

あらゆる問題には反論もあることを承知しておく

たとえば殺人を犯した犯人に、どのような刑罰を与えるかという問題を考えてみましょう。

一体、犯罪の軽重の判断として、どこで無期懲役と死刑を分けたらいいのでしょうか。

1人殺したら無期懲役で、2人以上殺したら死刑という考えは妥当なのでしょうか。

最近では1人を殺した殺人犯に、死刑という宣告が出るようになりました。むろん残虐性を鑑みてということなのでしょうが、いい悪いは別として、これはマニュアル化すべき問題ではありません。個別の事案について、その背景を十分に議論して、総合的な判断をくださなくてはいけない問題です。「前例どおり」というわけにはいかないのです。

このように法廷でも、「すべてにわたって、同じ問題はない」と考えるのが基本的なスタンスです。一般原則や従来の慣習、そのように世で言われている定説などに縛られて考えることはできないのです。

同じようにビジネスの世界であれば、すべての客が同じように考えると仮定するわけにはいきません。同様に、すべての残業が非効率というわけでもないし、ベテランの意見が毎回正しくて、新人の主張がつねに未熟なものであるとも限りません。

つまり世の中には、すべての現象に使える原則や、あらゆることに当てはまる公式というものは存在しないのです。私たちはその都度、直面する問題に対して柔軟な思考で臨まなければなりません。

私たちはどうしても、あらゆる問題に対して「これは悪い」とか、「何がいいことで、何がよくないことか」という白黒をハッキリと決めたがります。しかし多くの問題はそのようにハッキリと善悪を決めつけられるものではなく、グレーな結論を出さなければいけない部分もあるのです。

だからこそ、私たちは解決の不完全性を認めて、それでもできるだけ万民の納得が得られるような結論に向かっていかなければなりません。

殺人犯に対して、被害者の遺族の方は極刑を望むかもしれませんが、一方では「相手を殺したくなる気持ちもわかる気がする」という同情の余地もある場合もあります。

ビジネスの現場では、「残業を減らせば生産性がよくなる」という声がある半面で、「それでは家に仕事を持ち帰らなくては片付かない」という声もあるかもしれません。

どちらの言い分をも踏まえたうえで、問題は考えられねばならないのでしょう。

ポイント

「普遍的な答えなんてない」と考える

25

素通りしている情報に「仮説」を立ててみる

どんな問題にも「原則」などというものはなく、セオリーにとらわれず、柔軟に思考しなければならない、とお話ししました。

しかしそうなると、一体私たちはどうすれば「考える力」を強化できるのか、という問題が出てきます。その答えとしては、できるだけ多く「考える」ことを繰り返すこと、何より経験を積むことが重要になるという二つが挙げられます。

この「経験」というのは、まったく小さなことで構わないのだと思います。

よく私は、**目の前に起こることに対して、「何か疑問点はないかな?」と、しきりに探ってみる**ことがあります。

たとえば前に取材を受けたときに、記者の方が2つのカセットレコーダーを回していたことがありました。普通なら気にしないのですが、問題を素通りさせず「なぜだろう?」と考えてみるのです。

「ひとつは予備なのだろうな? 聞こえない部分があったら、もう一方を聞く? でもそれだけかな?」

「カセットテープだから、切れることがあるのか。そのときに録音できなくなるから、もう一本でフォローする。だとしたら、時間をずらしているはずだ!」

「でも、どうしてボイスレコーダーなどを使わないのだろう?」

そこで記者さんに聞くと、案の定、時間をずらして録るとのこと。ボイスレコーダーを使わないのは、録音できているかどうかの確認がしにくいから、とのことでした。

ほかにも、たまたま外国産のミネラルウォーターを飲んでいて、ラベルを見たら「中国産」と書いてありました。「待てよ。このミネラルウォーターは、フランスの原産じゃないのか? 中国産とはどういうことだろう? ボトルを中国でつくっているのか?」とか、考えだしたら止まらないこともあります。

電車に乗っていれば、中吊り広告を見て「編集長は何を一番の売りにしたかったんだろう?」とか、看板を見れば「一体、このデザインにはどういう意図があるんだろう?」など、必ず私はあらゆることに疑問を持ち、しかも「仮説」を立ててみるようにしています。

この私の方法が正しいかどうかは、気にしなくていいのです。とにかく、「**考え**

て仮説を立てる」ということをひとつのクセにしていただきたいのです。

慣れてくれば毎日クイズを出されているようで、案外と楽しくなってくるものです。

ポイント

目の前の現象に疑問を持てるようになろう

26

「考える」の反対は、「疑いもなく信じる」こと

ほかにも「考える訓練」は、あらゆる場面でクセにして試みることができます。

そのためには、まず常に「疑う」クセをつけることをお勧めします。たとえばニュースを見たり、新聞で識者の意見を読んだとき、必ず「本当にそうなのかな？」と疑ってみたりするのです。

テーマは「現首相は辞めるべきか」という問題でもいいし、批判されている人間が「案外と正しいんじゃないか」と考えてみることでも構いません。この本で私が言っていることを疑うことも、当然いいでしょう。あえて〝天の邪鬼〟になってみるわけです。

このように「疑う」ことによって、自分なりの意見が次第に構築できるようになってきます。

「考える」の反対は、「疑いもなく信じること」です。常にただ無条件で物事を受け入れ続けてしまうと、「考えないこと」が慢性化していきます。

「疑いグセ」をつけるためには、「メモ魔になってみる」ことも有効で

す。疑問を放っておかず、書きとめていくようにすれば、それは思考の蓄積につながります。

逆にいうと、「疑問を持たなくなる」ことが一番いけないわけです。そのためには、わかったつもりにならないこと、何かを聞いたら必ず「質問する」ことを習慣にすること、「わからないことをノートにとっておく」ことを繰り返すことが大事だと思います。

さらに**「他の選択肢を考えてみる」**ということも、私がよくやってみることです。

たとえば、東京から大阪へ出張で向かっているとします。新幹線を使っていますが、いまは静岡の辺りにいます。しかし、もしこの新幹線が突然止まってしまったら、どうしましょう。ほかの交通手段として、どのようなルートを使うのが最速か、そういうことを考えてみるクセをつけるのも、考える経験を多くすることにつながります。

また、「考えるクセ」だけでなく、それを支える「感性」に磨きをかけることも重要です。感性を磨くには、考えるというよりは、いい音楽を聴いたり、いい絵を鑑賞すること、あるいは素晴らしい景色を見て感動するような、**情動を刺激するようなことを習慣的に行なう**のも有効でしょう。

やはり考える力は、「知情意」のバランスがとれて、はじめて効果的に活用できるものです。そのためには「意欲」というのも大事で、イヤイヤ考えてもあまり訓練にはなりません。「考えるクセ」も、「楽しくやること」が一番大切なのです。

ポイント

疑問が出たら、すぐにそれをメモしておく

27

「考えない時間」を適度に設ける

ここまで「考える」ことの重要性を述べてきましたが、時には「感性」を高めるために「考えない時間」をつくることもまた大切です。メリハリをつけて、適宜、考える作業から離れる習慣をつくっていけばいいのです。

たとえば私の場合ですと、もともと「ものづくり」が好きなので、ときどき帆船の模型をつくったり、真鍮《しんちゅう》板で蒸気機関車の模型をつくったり、考えることを離れる時間も意識的に作っています。実はこれはこれでコレクションを熱く語れるほどです。

他にも、たとえば車が好きな人もいれば、カラオケが好きな人もいるでしょう。**そういう自分の好きなことに没頭することで、思考を充電する**時間を設けてみてはいかがでしょうか。「今日は一日好きなことをしよう」と、割り切って決めてしまったほうがいいかもしれません。

こうした「考えない時間」をつくるメリットは、感性を養うほかにも、いくつかあります。それは、**人間は特に意識して何かを考えていなくても、潜在意識のなかでは、いま抱えている問題の答えを見つけるた**

めの情報整理作業を行っているからです。

つまり、問題に煮詰まった場合は、あえてその問題から一度離れて、「他のことに没頭すること」で、頭のなかを整理したほうが、次に再びその問題に取り組んだときにクリアな解決策を思いつきやすいのです。

これは、考えを寝かせておくと、余計な不純物が忘れ去られて、本質部分だけが残るからかもしれません。また、さまざまな考えが放っておかれるうちに、それぞれが自然と結びついて新たな考えにまとまる効果もあるのでしょう。一晩寝て起きた瞬間、素晴らしいアイディアが閃《ひらめ》いたり、お風呂に入ってリラックスした瞬間に思いついたりという話はよく聞きますが、それもこうした現象の一例でしょう。

また、この効果と似ていますが、やはり気持ち自体が切り替えられて、精神的にリフレッシュできるのが大きいのではないかと思います。

とくに私は、先にも述べたように、小さなことをクヨクヨ考えてしまう傾向が強いのですが、そんなふうに**結果を引きずっているなかで、いくら新しいことを考えようとしても、いい解決策が生まれるわけもありません。**

とくに「考える」という作業は、問題によっては非常にストレスをかける作業でもあります。それをずっと抱えていたのでは精神的にまいってしまいますから、やはりどこかで気持ちを切り替えたほうがよく、それには「没頭できる別なことを考える」のが一番なのです。

ポイント

たまには「考える作業」から離れてみる

3 ステップ

「論理的な思考」をすっ飛ばすな

28

「最善の答え」を導き出す5つの要素

「考える力」の重要性を、私は弁護士として、それから司法試験のための勉強を教える講師として学んできました。

だからこそ、「法律」を考える際に重要な「リーガルマインド」、つまり「法的思考力」というものを、極めて重視しています。

この「リーガルマインド」は、もちろん一般のビジネスパーソンにも強力なスキルとなるものです。現に多くの伊藤塾の卒業生が、この思考法を生かしてビジネスの世界で活躍しています。「経営者」としての側面を考えれば、私だって同じです。

そこで、ここでは「リーガルマインド」について話したいのですが、これは結局、人と人との間に起こる問題を、「法律」という一定のルールを使いどのように解決していくか、という能力になります。「法律」の部分を「互いの利益」や「約束事」、また前に述べた「原理原則」などに置き換えれば、あらゆる人間関係の問題に適用できます。

身につけるための要素は、次の5つです。

①「ルールをどう当てはめるか」という解決力

②物事に優先順位をつけられる能力

③「意見」と「事実」を区別する力。これは「主観と客観を区別する力」と言い換えてもいいでしょう。

④自分の立場だけでなく相手の立場、あるいは調停者の立場なら、「両方の立場」を公平に理解できる能力

⑤「複眼的にものを見られる」能力

ここには、本著ですでに述べてきたものもいくつか含まれていますが、いずれにしろ、この5つの能力が身についていないと、仮に法律をよく知っていても、それを役に立てることはできなくなります。

これはビジネスの世界でも同じことで、「リーガルマインド」を身につける必要性は、別に考えて頭をよくするためではなく、実際に起こる問題を解決するためのものなのです。

ここではあえてビジネスパーソン向けに仕事を例にお話ししていますが、仕事に限らず、人生では利害が対立したり、ぶつかり合う考え方の相違を乗り越え、自分にとっても他人にとっても最善の答えを見つけていったりする必要性に迫られることは多々あります。そのような問題を、自分のみならず相手も一番納得できる形におさめる思考法なのですから、**「リーガルマインド」**とは、**「人生を切り開く思考法」**と言えるものなのです。

ポイント

法的思考力は、あらゆる問題の突破口を開く

29

相手の言い分を公平に考えてみる

それでは実際に、「リーガルマインド」で思考を展開する練習をしてみましょう。

司法試験で出るような問題のアレンジ版を用意しました。

通行人のAさんが、たまたま事故に遭遇したBさんが道に倒れているのを発見しました。Aさんはタクシーを拾ってBさんを病院に連れて行き、医者にできるだけの治療をしてもらいます。しかしBさんは、残念ながら助かりませんでした。

このとき治療のために行なわれた措置には、多額のお金がかかってしまっています。それをBさんの遺族に請求したところ、「助からなかったのに、どうしてそんな大金を払う必要があるんだ」と拒否されてしまいました。では、Aさんが払うべきなのでしょうか？

これは「法的にどうか？」というクイズのような一問一答の問いではなく、「どう考えるか論ぜよ」という〝答えを自分でつくりだす問題〟

になります。

一見すると「正しいことをしたAさんが、なぜ損をするんだ」ということになるでしょう。しかし遺族の立場に立てば、「どうしてこちらの事情も考えずに、勝手なことをするんだ」という見方もできます。病院へBさんを連れて行き、治療を受けさせたのはAさんなのですから、病院から見ても、Aさんにお金を払う義務がありそうです。

しかし倒れた人を病院に運ぶのは、道徳的にはよい行ないのはずです。「あなたが助けようとしたんだから、あなたがお金を払いなさい」では、「じゃあ放っとけばよかったのか」ということになります。

このように**「法的なルール」を踏まえながら、相手の言い分を公平に考え**、そのうえで、さまざまな角度から問題を複眼的に見ていくのが「リーガルマインド」の特徴です。では、**「優先順位は何か」ということを考えて**みましょう。

仮にここで、「Aさんがお金を負担すべきだ」ということになった場合、それが正しいとみなされてしまえば、今後道で倒れた人を病院に連れて行く人はいなくなってしまうかもしれません。そのような世の中になってしまうのは問題ですから、

Aさんに請求をするのは筋違いのようです。

次に、仮にBさんが生きていた場合のことを考えます。もし本人が生きているのであれば、やはり代金はBさんが払うことになるわけです。だとすれば、Bさんが払えないなら、その関係者が払うのが正当でないでしょうか。

しかし、遺族にはその医療費を払う能力がありません。かといって病院に負担させることもできません。だとすれば、このようなケースでは社会的なセーフティネットで保障をすべきではないでしょうか……。

このようにさまざまな視点でものを見た結果、納得のできる結論を出すのが「リーガルマインド」なのです。

ポイント

さまざまな角度から複眼的にものを見よ！

30
長期的に最もメリットのある結論を見いだせ

複眼的に問題を検証したとき、「どこに優先順位を持ってくるべきか」というのは、たしかに難しい問題です。

これを選び出すのも、やはり「考える力」にかかってきます。「正しい答えを出す」のではなく、「いま一番取るべき道を選ぶ」ために、その力を駆使するのです。

たとえば前項のような**「社会」までを考えた広い視点、あるいは「いまのこと」より「未来のこと」に目を向けた長期的な視点で、問題は考えられていくべき**なのです。

現行の法に則った裁判も、やはり「社会」を考えた「広い視点」で検証されます。

たとえば「殺人未遂」といえば、「殺人をしようとした罪」と思われますが、実は「殺人をしようとして失敗した場合」と「中止をした場合」で、罪の重さは異なってきます。

それはシチュエーションを考えてみれば、よくわかります。

たとえば殺してやろうと思って、拳銃を撃った男がいるとします。しかし急所を外してしまいました。

このあとで、「人が来る、まずい」と思って逃げたのであれば、単なる殺人未遂です。しかし、「何でこんなことをしたんだろう」ということで踏みとどまり、救急車を呼んで真剣に救命の努力をしたとします。その場合は、「自分の意思で結果発生を防いだ」ということで、刑の免除か減刑をすることが決められています。

なぜそうなっているかといえば、「ご褒美」を用意することで、罪から引き返す道を大きくしているという説明の仕方があります。「後戻りができない」ではなく「後戻りできる」ことを認めているのですから、結果的に社会全体から殺人自体が減っていくと考えるわけです。

では今度は、会社の問題に置き換えてみましょう。仮にあなたが新人として入った会社で、コピー取りばかりやらされているとしましょう。しかし、「だから辞めよう」などというのでは、狭い視点でしか考えていないことになります。

もし長期的視点に立って考えるならば、「このコピー取りによって何を学べるのか?」「どうすれば、ひとつ進んだ自分になれるのか」と、今現在の問題だけでなく、将来的な可能性まで視野に入れられるはずです。**あらゆることを複眼的に考え**

れば、「とにかく、いまは先輩の資料のつくり方を学ぼう」と、長期的に最もメリットの高そうな結論を見いだすこともできるでしょう。

ポイント

突破口が開けないのは、狭い視点でしか考えてないから！

31

「事実」「論理」「言葉」3つの能力を使い分ける

「リーガルマインド」を土台にした「考える力」を身につけるための素材は世の中にいくらでもあります。自分が体験する問題でもいいですが、毎朝新聞を見て、世の中で起こっている問題について「自分がどのように考えていくべきか」を選択するだけでも、かなりの思考訓練になります。

決して憤りや不満の感情で対処するのでなく、さまざま問題を複眼的にとらえ、バランスのとれた意見を組み立てていくことが重要です。

その際、他人の意見を参考にするのは、自分自身の視野を広げるためにとても重要なことです。けれども、その意見を鵜呑《うの》みにして、自分自身で考えることを怠ってはいけません。

とくに識者や優秀な人の考え方は、とても説得力があるし、あたかも真実であるかのように見えます。しかし、それはあくまでも他人の論理です。**あなたは自分自身の考える力を磨き、「自分の論理」を組み立てていかなければならないのです。**

次からは、私が「リーガルマインド」を身につけるうえで実践してきた、考える力の鍛え方について述べていきます。そのときに重要となるのは、**「事実」「論理」「言葉」**の3つになります。

ただし、この3つは複雑に絡み合っており、分けていくのが難しいものでもあります。

たとえば世の中で「データ」と言えば、通常は「事実」のことを指すでしょう。

しかし実際は「言葉」で表現する人間の「論理」によって、「事実」は編集されて表現されます。経済学者であれば、実際の事実情報から、自分の論理に合う形のものを抽出して、それを説得材料に使っています。セールスパーソンであれば、売る商品の役に立つ情報だけを特化させて、それをアピール材料に使うでしょう。

数字のような「絶対事実」があったとしても、それは必ず「論理」の方向性によって意味づけられたものなのです。それらをきちんと解読し、あくまで複眼的な視点から、「事実」の組み立てを直す能力が求められるのです。

ポイント

データは必ずしも「事実」であるとは限らない

32

「論理なのか？」「事実なのか？」を明確にする

「考える力」とは、具体的に表現された形になって、はじめて人に判断されるものです。そうでないと自己満足に陥るだけで、仕事のレベルが上がったり、何らかの目標を達成するような「成果」にはなりません。

一般的に「考える力のある人」とは、頭のなかであれこれと想像している人ではなく、上司をうならせるような意見を述べたり、文章にしたものを人に読んでもらって感心させることができるような人のことを指します。つまり「考えたこと」は、「表現できる」能力がないと意味を成さないのです。

「表現」とは「言葉にする」ことです。**「言葉にする」作業をするうえで必要なのは、「事実」と「論理」をしっかり切り離すことです。**

「事実」とは、本当のことを指し、「論理」とは自分や誰かが考えたことを意味します。「その2つが違うのは当然じゃないか」と、おそらく皆さんは思われるでしょう。しかし、この区別が案外と難しいのです。

たとえば、ニュースでAさんが人を殺した、という事件が報道されたとしましょう。犯人は悪いヤツだというニュアンスで報道がされています。しかし、これは一体どこまでが「事実」でしょうか？

警察が正しいと仮定すれば、「Aさんが人を殺した」のは事実かもしれません。**しかし、だから「Aさんが悪いヤツだ」というのは、報道している人間の「論理」でしかありません。**殺人の善悪というのは、「人を殺すのは悪い」という文化のなかでの一論理ですし、復讐ならばどうか、戦争ならどうか、正当防衛ならどうか、と条件によってさまざまな議論が出てきます。

しかしニュースを見た人が「Aさんが悪いヤツだ」と、そのまま受け入れたとしたら、その人は「論理」を「事実」として誤解したまま、それを言葉で「表現」していくことになります。

「アメリカは悪い国だ」「いまの政権は最悪だ」「宗教は恐ろしい」「○○民族は敵である」……こういう理屈がどんどん「事実と認定された言葉」に変わっていけば、非常に恐ろしい世の中になっていくでしょう。

ポイント

「事実」と「論理」を区別せよ

33

常識は「論理」であって、「事実」ではない

私たちが「常識」と思っているものの多くは、たいてい「事実」ではなくて「論理」です。日本で通っている理屈は、「日本人の大多数が正しいと信じる論理」に過ぎず、会社のなかで通っている正論も、単に「その会社の論理」であるのです。

常識が固定観念になってしまうと、私たちはなかなかその枠を超えて発想することができなくなります。

たとえば会社のなかで通用する論理だと、その会社にいるうちはよくても、転職したらまったく通らなくなることがあります。だからこそ、他の会社の人たちとも積極的に交わり、「事実」の部分をしっかり見極めておく必要があるでしょう。

固定観念に縛られないようにするには、何より「自分とはまったく価値観の異なる世界」に身を置いてみることだと思います。

たとえば海外旅行をする、あるいは外国人の友人を持ち、異文化に触れてみるのもいいでしょう。そのような経験をするだけで、いかに日本人が当たり前と思っていることが世界的には通用しないことなのか、身

にしみてわかります。

私は弁護士になってすぐのころ、あるインド人と友だちになりました。彼は日本の政治を学ぶために留学していたのですが、インドは実は憲法で社会主義を掲げている国です。

当時はソ連もありましたから、「なぜ社会主義の国の人が留学するのに、同じ社会主義国家のソ連じゃなくて日本なんだ?」と聞いたところ、「日本が社会主義で一番成功した国だからだ」と言うのです。

「ほとんど一党独裁で、経済も官僚がコントロールして経済復興を成し遂げた。まさに社会主義的なものが実践できているから、勉強になる」ということを言ったのです。ああ海外の人は日本をそんなふうに見ているんだ……と、驚いた記憶があります。

さらに「お前は、何の仕事をしているんだ?」と聞かれたので、「弁護士だ」と胸を張って答えたところ、彼は非常に意外な顔をします。

「大学に行ったのに、どうして弁護士なんかやってるの?」と。

なぜなら当時のインドでは、お金持ちに生まれて地位はあるけれども、まともな仕事をしようとしない人間が、「弁護士」という肩書きをつけているイメージがあったようなのです。だから「インドに来たら、絶対に弁護士だって言わないほうがいいぞ」と言われました。「世界には、そういう〝論理〟もあるんだな」と妙に感心したものです。

このように私たちが**当然に思っていることでも、文化の垣根を越えれば、まったく通用しないこともあります。**「論理」は、決して「事実」ではないのです。

ポイント

一般的な常識を鵜呑みにしてはいけない！

34

「事実」とは一体何なのか？

では、「事実」とは一体何なのでしょう？　実を言うと、これは非常に難しい問題です。

法律の世界では、基本的に「三段論法」という考え方が適用されています。「三段論法」とは、**「大前提」「小前提」「結論」**という形で論を進めて説得していくというものです。

ひとつの例を見てみましょう。「人は死ぬ」ということは動かしようのない事実なので、「大前提」といえます。さらに「小前提」としては、「ソクラテスは人である」ということも事実です。そうなると「ソクラテスは死ぬ」という「結論」も、やはり「事実である」と認定できるわけです。

法律の世界に置き換えると、「人を殺した者は罰せられる」というのは、「べきである」という論理であって、科学的な事実ではありません。しかし法律では「殺人はいけない」ということになっていますから、それを「大前提」として考えるわけです。「いや、別に人を殺したからって、罰する必要はないんじゃないか？」などという、別の「論理」は、問題を限定するためにここでは考えないことにします。

そして、「小前提」は「被告人が人を殺した」という事実認定ですから、これは動かしようのない事実だと思われがちです。しかし、実はこれも「被告人が本当に殺人を犯したのか？」という証拠評価の問題になってきます。

たとえば「私は彼が殺すのを見た」という証人がいたとして、被告人の側には「いいや誰々と一緒にいた」というアリバイの主張があるとしましょう。どちらが正しいのかは、さまざまな証拠の評価と組み合わせて、裁判官が判断していくしかありません。

そして、さまざまな証拠を吟味した結果、「被告人が被害者を殺害したことは事実だ」という「認定」が行なわれます。その場合、「被告人は罰せられる」が結論として適用されることになりますが、ここでも、裁判官が目撃証人の証言とアリバイ証人の証言のどちらを信用するかによって、結論は異なってきます。

つまり、あらゆる事実は、裁判官の判断基準によって変わってきてしまうのです。「より説得力がある」「より信頼性がある」など判断基準はさまざまですが、神さまでなく人間が裁判する以上、このように**「事実」とは何らかの基準に照らし合**

わせない限り、その認定はできないのです。

これは裁判に限ったことではありません。社会で起こるさまざまな「事実」を見極める場合、まず私たちが意識しなければならないのは「判断基準」になります。

ポイント

「事実」は自分の「判断基準」によって決まる

35

原理原則に立ち返り、それを判断基準にする

たとえば「1＋1は2である」というのも、実は「十進法」というルールを判断基準にした場合の「事実」です。

「地球は丸い」「太陽は赤い」などということも、実は科学の判断基準がもとになっていたり、あるいは人間の視覚による判断基準であったりするわけで、必ずしもそれが人類普遍の法則であったわけではありません。あくまで現代の我々の文化が、地球を「丸い」とか「赤い」とみなしているわけで、「地球が丸くない」時代はいくらでもあったわけですし、国や文化によっては「太陽の色」を「黄色」と答える人々もいるのです。

このように、一見世の中に「事実」と受けとめられていることも、実は一定の判断基準によって人が評価した結果であることがほとんどなのです。

だからこそ、私たちはそうした判断基準を時には疑ってみることも必要なのです。

そして、**私たちが特定の問題を考えるときは、どのような基準によっ**

て社会から事実として判断されているかを意識することが重要となります。そこで一番の価値判断の大本となる原理原則をしっかり押さえておく必要があるのです。

また、大前提そのものも、こうして原理原則から見直してみると新たな発見があるかもしれません。

大原則となる「原理原則」を大局として、個別の部分を見ていくやり方を、「トップダウン思考」とか、「構造化思考」と言います。

「より大きな原則を当てはめて、得られた結論を次の大前提として、それを徐々に下のほうに当てはめていく」と表現することもできるでしょう。

たとえば「法律」と聞くと、人はある絶対的な判断基準のように思いがちです。しかし、その法律の上に大前提として「法律は人々がより幸せになるために存在している」という原理原則があります。

たとえばある人が、隣の住人による騒音で苦しんでいるとします。しかしその隣人の行為は法で認められている範囲であり規制することができません。だから、その人は苦しみ続けるしかない……、果たしてこれは正しいことでしょうか。このようなことも、私たちはきちんと考えていくべきなのです。

「一人の人間の幸福権を追求することが正しい」という立場からすれば、やはり隣人の行為は止めなくては、「法律」そのものの趣旨に反することになります。だからこそ法律の範囲で判断するのが難しい場合は、法律よりもっと上の「憲法が保障する権利」を持ち出すことになるのです。

問題が個別になればなるほど、何をもって「事実」とするかは曖昧になってきます。だからこそ「大前提」から物事を見ていくことが、重要になってくるのです。

ポイント

あなたにとっての「原理原則」をハッキリさせよ

36

個別の基準にとらわれると、本質を見失ってしまう

実は私たちの身の回りの問題を考えるとき、さまざまな判断基準が溢れすぎて、かえって「事実」を歪《ゆが》めてしまっていることがあります。考えるときは、そもそもの根本をよく見直してみる必要があるでしょう。

たとえば、「コンプライアンス」という問題があります。「賞味期限切れのお菓子を商品として売っていいだろうか」ということを考えた場合、「法律」という判断基準に照らせば、必ずしも違法として明確になっているわけではありません。

加えて「会社の利益」という判断基準を持ってくれれば、「売ったほうが儲かる」という魅力にはなかなか抗えません。さらに「いままで何の疑いもなく、慣習としてやってきた」という社内「事実」を鑑みれば、社員が「賞味期限切れの商品を売ることも間違いではない」と判断してしまうこともありうるでしょう。

しかし、だから、やっていいことだということに果たしてなるでしょうか。とりわけ、食料品販売の「原理原則」に照らし合わせれば、どうなるでしょう。

菓子製造及び販売は、あくまで「お客さんがお菓子を買って、喜んでくれる」ことを前提に成り立っています。しかし、賞味期限の切れた商品を売っている問題が発覚すれば、「喜んで買ってくれる」大前提は崩れます。

だとすれば、賞味期限切れの菓子を売り続けた会社は、お客さんからそっぽを向かれ経営危機に陥いることだってありえないことではありません。お客さんの購買意欲の低下の前には、どのような言い訳も通用しないからです。

「木を見て森を見ず」という言葉がありますが、原理原則を忘れて、個別の問題で善悪を判断すると、大きな間違いをおかす可能性があります。

これを社会全体に置き換えてみると、たとえば「犯罪を防ぐことが重要だ」という趣旨で、盗聴や密告などをどんどん推奨していくようになったとします。そうすると犯罪自体は減るかもしれませんが、国民は常に「誰かに話を聞かれているかもしれない」「誰かに密告されるかもしれない」と、ビクビク怯えながら毎日の生活を送ることになってしまいます。

かつてのソ連や東ヨーロッパはそういう社会でしたが、それでは「人々が楽しく暮らせる社会」というものから遠のいていくわけです。

「交通事故が怖い」と思ったら、家から一歩も出なければ、事故に遭う確率は低くなります。しかし、果たしてそのような生活が本当に自分の望みなのでしょうか。

「大原則を基準にする」とは、このように物事が常に本質から逸《そ》れないように考えることなのです。

ポイント

迷ったときは原理原則にかえれ

37

「変えてはならないもの」に逆らわない

物事を原理原則から外れないよう、大局的に見ることで、判断の難しい問題にも解決の糸口を見つけることができます。

たとえば、9・11のテロがあったあと、ドイツでも民間の軽飛行機が乗っ取られ、欧州中央銀行ビルに突っ込もうとしていると見えた事件が起こりました。結果的にはテロになることは未然に防げたのですが、これを機に「航空安全法」という法律を制定する議論が起こり、ドイツ議会で制定されました。

ところが面白いことに、ドイツの「連邦憲法裁判所」が、2006年2月15日に、「その航空安全法は憲法違反だ」という判決を出したのです。結果、法律は廃止になりました。

どういうことか説明しますと、「航空安全法」では、航空機が乗っ取られテロに使われる場合、犠牲者が多くなる恐れがあれば、それを撃墜していいことになっていたのです。つまり3000人が仕事をしているビルに300人が乗った民間飛行機が激突して3300人が命を失う可能性があれば、航空機の乗客300人を犠牲にするのはやむをえないということです。

一見すると、これは正しいことのように見えなくもありません。

けれども原理原則で考えれば、**「人間の尊厳や人間の命を、相対化して比較することはできない」**のが法の原理です。そしてこれを認めてしまったら、「国家のため」「市民の安全のため」と、国家権力が人権を無視して命の粛清をすることを、いずれは認める形になる恐れもあります。これはこれで恐ろしいことでしょう。

「では現実に9・11のようなことが起こった場合はどうするんだ」という話になりますが、やはり「起こっても、撃ち落とせばいいんだから大丈夫」ではなく、そういう事件が起こらないように最大限の努力をすることがまず必要なことであるわけです。

ドイツがあくまでも「原則」に照らし合わせたのは、「原則」を変えてしまった場合、多くのことが本質から逸れてしまうからです。

英語で「ポリシー」(政策・方針、policy)と言えば、政策的な判断や時流によって変更するもののことを指しますが、「プリンシプル」(原理、principle)という表現を使った場合は、絶対に変えてはならないもののことを指します。

もちろん、ときにはこれ自体を疑うことも必要な場合もあるでしょうが、**問題を解決する際はまず、「プリンシプル」に則り、「ポリシー」を変えていく**ことのほうが大事でしょう。

ポイント

大原則はどんなことがあっても貫き通す！

38

「変えていいもの」はコロコロ変える

あるときに下した判断やマニュアルで定めた取り決めごとなどは、そのときの時流に則り決定した「ポリシー」に等しいものです。そのため、この部分は場合によっては、素早く変える必要があります。

経営でも「朝令暮改」という言葉があります。朝、朝礼で言ったことを、その日の夕方に翻す。いいかげんなようですが、朝の命令が間違っていたと判断すれば、即刻変更することこそが正しいのです。

しかし、「朝令暮改」による変更も、「お客さま第一」のような「原理原則」に則って行なわれる必要があります。むしろ「お客さま第一」という原則を守るためにこそ、「朝令暮改」は行なわれるべきです。

もうひとつ、**マニュアルなどで決められたルールも、本来は「原理原則」を実行するためにつくられたものです。**だとすれば、「原理原則」を実行するためであれば、すすんで破ることも必要な措置になります。

たとえば、東京ディズニーランドは基本的に徹底したマニュアルで管理されています。従業員は、そのマニュアルに従って仕事をしています。

そのマニュアルのなかには、「大人はお子さまランチを頼めない」という決まりがあるそうです。ところがあるとき、中年の夫婦が「お子さまランチ」を注文しました。従業員はマニュアルに従ってお断りしました。

しかし、「何かおかしいな」と思って事情を聞いてみたところ、亡くなったお子さんが「ディズニーランドのお子さまランチを食べたい」と言っていたそうなのです。生前に果たせなかった約束を、その日は果たしたくて来たとのことでした。

そこで従業員たちは、大人2人の注文に加え、サービスでお子さまランチを用意しました。それだけなく、きちんと子ども用の椅子を持ってきて、「陰膳《かげぜん》」のようなものをその場にこしらえたそうです。

これはマニュアルの決まりは破っているかもしれませんが、「お客さまを第一にする」という原理原則に従ったサービスだと思います。

原理原則は、「会社の理念」ということになるのでしょうが、それが徹底的に理解されているからこそ、現場での臨機応変な判断が可能になるのでしょう。

ポイント

必要なら大原則以外のものは躊躇なく変えよ！

39

自分の信念に疑問をぶつけてみよう

考えるときの基本的なスタンスとして、まずは「事実」を見定めることと、その事実も「原理原則」と照らし合わせてみることが大事だという話をしてきました。

「原理原則の観点から事実をどうとらえていくべきか」というプロセスから、「論理」が展開されていきますが、油断すると「論理」も、「原理原則」から外れていく可能性があります。だからこそ**絶えず原理原則に戻ってみる**ことは、考えるプロセスとして重要になってきます。

法律の世界に人を送り出す仕事をしている私にとって、「人間の命は何より大切だ」という原理原則は、決して動かせないものです。

しかし地球環境を考えたとき、たとえばある科学技術を使えば、人間の寿命が100歳以上まで延ばせるとしても、その代わりに、動物や植物などの種がどんどん絶滅していってしまうなら、本当にそれは正しいことなのかどうか、といった類の問題も時には発生します。

「自然が大切だ」という意見もあるでしょう。「人間が絶滅してしまえば、あらゆる他の動物が絶滅の危機にさらされなくて済むはずだ」と言う人もいます。ここまでさまざまな意見が出てくると、何が人間にとっても原理原則なのだかわからなくなります。

しかしもう一度、「人間の命は何より大切だ」という原則に立ち返ると、その人間の命とは、自然のなかで育まれるべきものです。ですから私は、「地球や宇宙のなかで、他の命と共存しながら生きることこそが、人間の生命にとっても最もいいことだ」という趣旨に沿って論理を組み立てていきます。

原理原則は、本当はブレがあってはいけないものです。けれども価値基準の尺度にはさまざまなものがありますから、原理原則を正しいと考えるなら、それらに反論できるだけの論拠を持たなくてはなりません。

だからこそ、**他のモノサシで、自分の原則に対してつねに「本当にそうなのか?」という疑問をぶつけてみる**べきなのです。そうして多角的にものを見ながら、つねにモノサシとなる原理原則を相対的に評価するのです。

ポイント

どんな反論も退けられるのが「大原則」である

40

「論理的思考」とは「理由づけて考える」こと

次に、「自分の論理をどう組み立てていけばいいか」という問題について考えていきましょう。

「論理的思考」などと言うと難しく考える人もいるのですが、要は「**理由をつけて考えていく**」ということです。因果関係をハッキリさせ、AだからB、BだからCと思考を展開していけば、論理的な答えの導き方になります。

日本人が論理的思考を苦手とする理由の一つは、日本語の語順の問題もあるかもしれません。たとえば日本語の場合、「風邪をひいたから、学校を休みます」という感じに、結論と理由の順序づけがハッキリしていないところがあります。その点、英語だと、「私は休む」「学校を」「なぜなら私は風邪をひいたからだ」という形で、言葉の構造自体が論理的になっています。だから論理的思考を身につけるために、「英語力を強化する」というのは、ひとつの方法になるでしょう。

さらに言えば、「AだからBである」と言ったとき、「Bのほかに可能性はないのか?」というのが、思考の際のポイントになります。

たとえば「ゴリラであれば動物である」といえば正しいのでしょうが、「ゴリラであれば人間より知能が劣る」はどうでしょうか。これには例外もありそうです。論理的とはいえません。

法律の世界でも、たとえば「被害者の救済」ということを考えて、「やっぱりこれは有罪にしないと、被害者がいたたまれないでしょう」という発言をする人がいます。

けれどもこれを論理的に考えるなら、「その他に被害者を救済する方法はないのか?」という問題を明らかにしなければなりません。

現に「被害者救済」については、さまざまな慰藉《いしゃ》の方法が提唱されているのですから、これは真実とは言えません。しかも「被告の罪を重くすれば被害者が救われる」ということを示す根拠は、何もないわけで、その考えを論理的に正しいとみなすわけにはいきません。

世の中にはあたかも正しいような理屈がたくさんありますが、論理的に検証すると、「本当につじつまがあっているのだろうか?」と疑問に思う問題はたくさんあります。

私たちはつねに冷静になって物事を見つめ、「本当にそうなの?」「こういう可能性はないだろうか?」と、別の視点から考えてみるクセをつけていく必要があります。

ポイント

世の中の理屈を「本当にそうなの?」と検証してみろ

41

「AかBか」ではなく「Aかそれ以外か」で考えていく

論理的にあらゆる可能性を考えていくとき、「AかBか」という二者選択で考えるのではなく、**「Aかそれ以外か」で考える「二項分割」の思考法**が有効になってきます。

記憶している人は少ないかもしれませんが、昔NHKのラジオでやっていた『二十の扉』という番組が、まさに「二項分割」を適用したものでした。

答えを当てるクイズ番組なのですが、たとえば、「それは食べ物ですか？　そうではありませんか？」「その食べ物は果物ですか？　それともそうではないんですか？」という問いかけで、解答を絞っていくわけです。

30年ほど前に、私はコンピュータの勉強をしたことがあります。このときは構造化プログラミングという発想が言われていましたが、まさにこのように〝絞り込み〟によって問題を分割していく方法が問われていたものです。

「AかBか」ではさまざまな例外が生じることになりますが、「Aかそ

れ以外」であれば、漏れが出ることはありません。その都度、解答を「イエス」か「ノー」で処理できるため、非常に数学的な解決の仕方になるのです。

このような数学的な思考法は「アルゴリズム的思考」と呼ばれています。

法律的な問題を考えるときは、やはり私情をまじえず、客観的に正しい解決の筋道を考えていく必要があります。

たとえば「有罪か無罪か」ではなく、「確実に有罪か、あるいはそうではないか」「確実に勝訴できる問題か、いやそうではないか」と考えるわけです。「相手が悪いのだから、勝訴できるに決まっている」などと非論理的な思考で裁判に踏み切ると、あとで痛い目に遭うこともあります。

むろん「アルゴリズム」的思考の対にあるものとして、「ヒューリスティック」という発想があり、こちらは経験的、発見的思考であり、ときには感性や直観という、極めて人間的な部分を重視して考えていくやり方です。

論理的にばかり分析していくと、「その結論は正しいのだが、正直あまり選びたくないな」という事態も出てきます。それでは何のために考えているのかわかりません。

「ステップ2」でも述べたとおり、「考える」という作業をする際には、つねに「知情意」のバランスを考慮しなければならないのです。

ポイント

「二項分割」で数学的にものを考えよ

42

「図解」することで論理的に考えやすくなる

論理的、あるいは数学的に考える際に、**「図解する」手順を踏むと、思考の幅が広がります。**

とくに私は、司法試験の受験指導を始めてから、30年近くにわたり「図解で考える」ことを、ひとつのやり方にしてきました。伊藤塾が人気を集めた理由には、難しい法律の世界を「図解でわかりやすく説明してくれる」という特徴があったと思っています。

具体的にどのように「図解」で考えていくのかというと、たとえば左ページの上の図は、憲法の全体をピラミッド型で考えたものです。

個人の尊重がいちばん上にあり、人権、統治機構、憲法保障がその下に続きます。上が目的であり、下はその手段としてあるものと考えます。これが「原理原則」となるわけです。

一方で下の図の左は、その原則に従い、「憲法」が定義する立法、司法、行政の構造を配置したものです。そしてその中心には「国民」がなくてはなりません。

またその右隣はそれを参考にして「会社法」を考えてみたものです

憲法の全体像

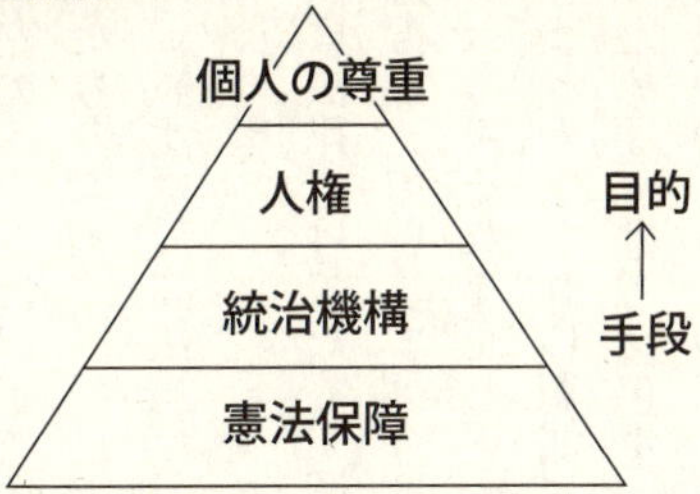

憲法と会社法

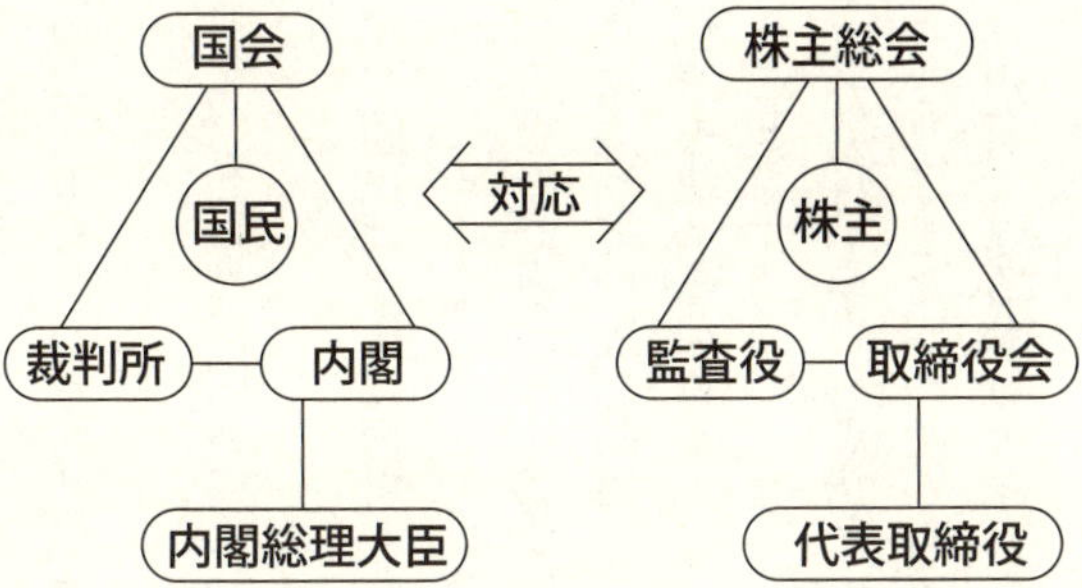

が、これも「憲法」と同じ構造になっていることがわかります。
憲法を理解することにより、実は会社法の考え方もわかるわけです。

次に左のページは、「憲法と法律の関係」を、私自身が図解によって考えた過程を表したものです。

①は「憲法は最高法規」となっていますが、国民は法律に拘束されるようになります。

憲法は法律だけでなく、国家全般を規制するものですから、②では「国家」という概念も加えています。今度は「国家が法律によって国民を制限してくる」となります。むろんそれで正しいのですが、その国家を決めるのは、やはり国民でなければなりません。それは憲法に規定されていることです。

そのため③では、国民を一番上に持ってきたわけです。「憲法というものは、結局、国民がつくるものだ」ということをはっきりさせたかったからです。それにより国家の形がつくられ、その国家が法律の運用者となるわけです。だんだんと整理ができてきました。

憲法と法律の関係

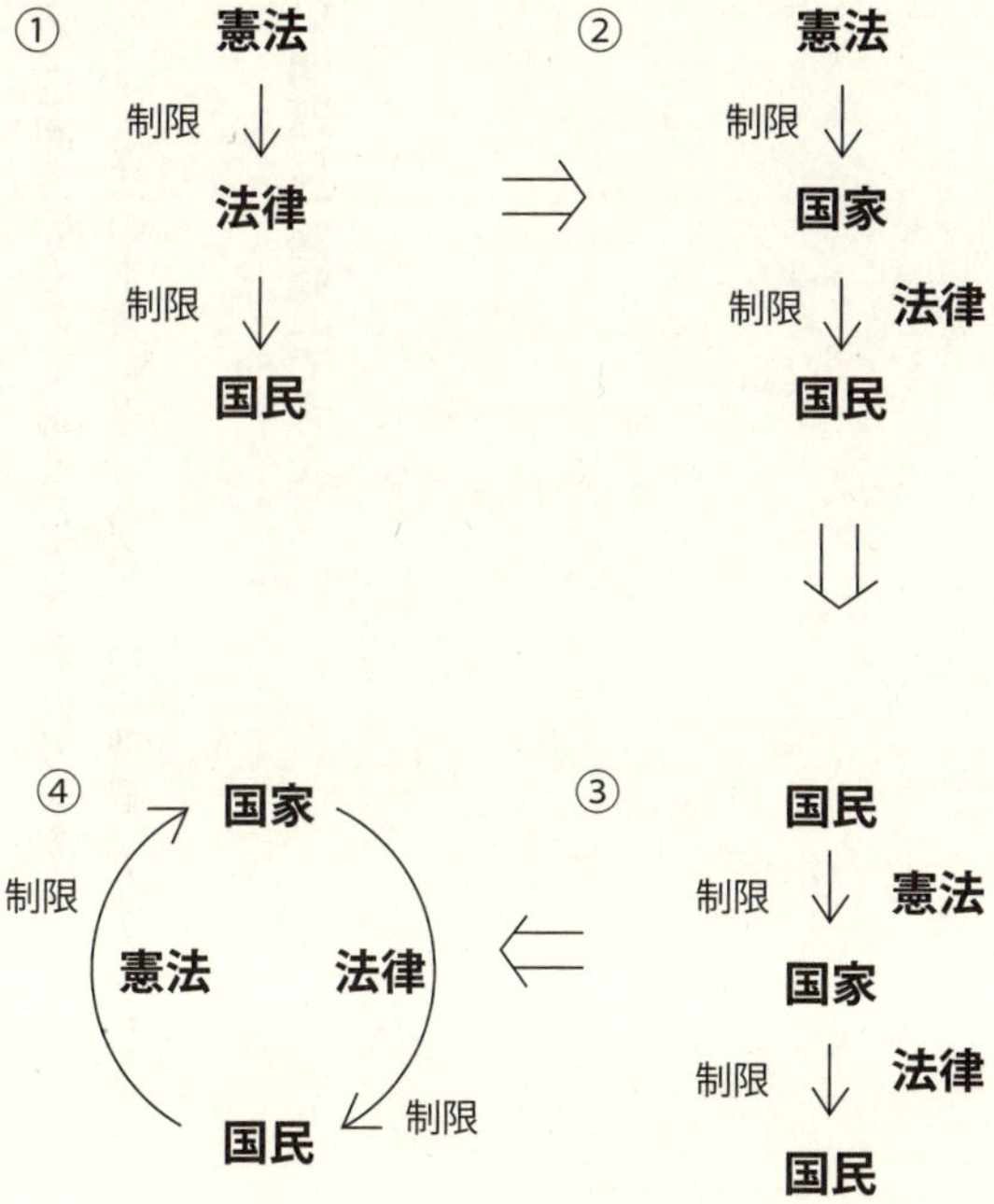
①
憲法
制限
法律
制限
国民
②
憲法
制限
国家
制限
法律
国民
③
国民
制限
憲法
国家
制限
法律
国民
④
国家
制限
憲法
法律
国民
制限

そこで最終的には④のような形になりました。**これを見ると「憲法」と「法律」とは、まったく逆向きのものであることがわかります。**

図解によって「憲法の本質」も、あらためて理解できるでしょう。

ポイント

難しい問題は「図解」で考える

43

問題の全体像をつかむためには？

前項で記した憲法の構造を見てもわかるように、図解でとらえると、問題の全体像がとてもよくわかるようになります。

問題の全体像をつかむために重要なことは、まずその問題がどこに影響するのかを、挙げていくことです。

たとえば自分が抱えている問題ならば、「過去の自分」「現在の自分」「将来の自分」と時間的な軸を分けて考えてみるのがいいでしょう。つまり「いまの自分には関係のないこと」でも、「将来の自分に影響する」ことはあるからです。

さらに「空間的な視点」を変えて考えてみます。その影響は、自分の身の回りだけに及ぼされるのか、それとも自分が所属するチームや会社や、あるいは家族にまで及ぶのか。はたまた地域、日本全体、場合によっては世界に影響が及ぶことだって、なきにしもあらずです。

他者の観点からものを見てみるのもお勧めです。「パートナーはどう思うだろうか」「上司はどう思うだろうか」「部下はどうみるかな」「それとも他人を巻き込まない問題だろうか」などなど、他者の視点に立つと、その後の影響も見えてくるかもしれません。

これらが総じて、「多角的な視点」ということになってくるのです。

たとえば「企画を通す」という場合でも、なかなかうまくいかない場合などは、つい短絡的に「上司の頭が固い」と思うかもしれません。しかし「上司の視点」「会社の視点」と他者の立場から考えていけば、「たしかに面白いアイディアではあるけれど、ちょっとリスクが高いかもしれないな」ということに気づくかもしれません。だとしたらリスクを減らす方向で考え直してみることも一案です。

とかく論理ばかりで物事を考えていくと、その問題が及ぼすかもしれない、人間感情の問題や、長期的な視点を見過ごすことがあります。「地方に高速道路をつくる」という場合でも、「経済的にムダだ」という意見もあれば、「それによって長期で見れば、地方の町が活性化する」という論理も成り立つかもしれません。どちらが正解とも言えないのです。

多角的な視点には「合理的にどうか」というものもあれば、「倫理的にどうか」という問題もあります。何をするにも、その両方から光を当てて、焦点を浮き彫りにしていく必要があります。

現在の企業社会を見ると、会社や社会の効率性を追求するあまりに、人々の間では格差が広がり、ストレスが蓄積しやすい構造になってしまいました。日本が経済的発展を遂げる過程で、人間感情や娯楽性といった、別の視点からの発想をする姿勢が少々足りなかったのではないかと思えてなりません。

ポイント

「時間的な軸」や「空間的な軸」で思考の幅を広げよう

44

問題の「枝葉末節」を取り除いてみる

前にも述べましたが、問題の本質をつかむためには、それを単純化し、シンプルにとらえることも有効になります。そのためには問題を複雑にしている「枝葉」の部分を、どんどん取り除いてみることが必要でしょう。

たとえば、あなたがマンションを買ったとします。ところがすでに代金はきちんと払ったにもかかわらず、そのマンションを引き渡してもらえない事態が発生しました。

不審に思い不動産価格を見てみると、自分が購入したときの値段は2000万円だったはずなのに、いまは3000万円に上がってしまっています。それならば「契約を解除し、損害賠償請求をすれば1000万円の得になるではないか」と思いつき、訴訟を起こそうとしました。むろん1000万円丸々はとれないかもしれないけど、相手もトクをするかもしれないから、いいのではないのか……と考えたのです。

しかし、今回のそもそもの問題は「マンションが引き渡されない」ということにあるわけです。「賠償をいくら請求できるか」というのは、

「引き渡されないことが契約違反である」ということが確定した、二の次の問題になります。

実際こういう場合、売主側によくある事情としては、「自分は引き渡したかったのだが、建築会社が工事を遅らせているから、期日に引き渡せなかった」というケースです。

この場合はまず売主に落ち度があったかどうか、「売主の帰責性」を巡って争うことになりますが、「本当にそれが自分にとってメリットのあることか」を考えるべきでしょう。

これだけならまだ単純なのですが、たとえば「期日が1ヵ月くらい遅れたうえ、雨漏りがするような不具合が見つかった。そして賠償を請求したら、そのマンションは売主の名義にはなっているけれど、所有物ではなかった」と、複合的な問題がいっぺんに出てくるようなケースもあります。

これらをゴチャゴチャにして頭を抱えていても、埒《らち》があきません。法律的な問題を検証するときは、「期日が遅れた件」と「欠陥住宅だった件」と「所有権が売主になかった件」を別々に考えていかなければなりません。

一見、複雑な問題も、実は「単純な問題の絡み合い」ということはよくあります。そうやって一つひとつの問題を解きほぐし、個別解決していくことが重要なのです。

ポイント

複合的な問題は一つひとつ解きほぐして考えてみる

45

悩んだときは言葉の意味をよく探ってみる

「事実」を正確にとらえ、「論理」を構築し、「言葉」で形にしていく……これが「考える」ということの手順だということを本章の最初で説明しました。

そこで「考えたもの」を落とす先が「言葉」になるのですが、その「言葉」というものもいいかげんにとらえてはいけません。**言葉をきちんととらえていくことによって、実は自分の論理が逸れてしまっているのに気づくことも多々あります。**

たとえば、憲法のなかに「公共の福祉」という言葉が出てきます。これを自民党の新憲法草案では、「公の利益」とか「公益」という言葉に置き換えているわけです。一見似ているのですが、その意味は大きく異なってきます。

もともと「公共」という語は、「パブリック（Public）」という言葉を、日本語に当てたものです。この「Public」というのは「ピープル（People）」と同じ語源で、「人々の集まり」という意味です。だから「パブリックホール」といえば「公民館」だし、一杯飲み屋や大衆酒場は

「パブ」と略して呼ばれるわけです。イングランドで「パブリックスクール」といえば、人々がお金を出してつくった私立学校のことで、公立学校ではありません。そこで、「公共の福祉」とは「人々の福祉のために」という意味をもつことになります。

これに対して「公」とだけ言ってしまうと、それは日本にもともとある言葉をさしてしまいます。いろいろな語源はあるようですが、古代の日本には秋の収穫をためて保管しておく倉庫があり、村のオサとしてその大きな倉庫を守っている人たちを「オオヤケ」とか「オオヤ」と呼んでいたらしいのです。その流れを汲み、のちに大和朝廷ができると、天皇や朝廷や官僚をさして「公」と呼ぶようになりました。

ですから**「公共の福祉」を「公の利益」と言えば、それは単に「国家権力の利益」ということにもなりかねない**のです。この読み替えは大きな問題でしょう。

「コンプライアンス」という言葉も、日本では「法令遵守」と訳されていますが、もともとの「コンプライ（comply）」は〝何かの意向に従う〟という意味です。ですから**法律さえ守っていれば、コンプライアンスが守られるわけではありません。**

株主の意向や、消費者の意向など、「従うべきもの」はほかにいくらでもあります。
このように「言葉の意味」をきちんととらえなければ、私たちは考えるべき問題の本質を見失ってしまうことにもなるのです。

ポイント

「言葉」の意味を正確にとらえておく

46

「殺人未遂」はどこまでが「未遂」か？

「法的思考」ということを考えると、とくに言葉は明確である必要があります。なぜなら、**その言葉をどうとらえるかによって、問題の本質が大きく変わってくるからです。**「事実」も正確には伝わらなくなってきます。

本章の最初のほうで「殺人未遂」の話をしました。この場合も、「どこからどこまでが未遂なのか」が実は大きな問題になります。

たとえば、相手をピストルで撃つことを計画したとします。だとすれば計画した段階で、すでに未遂なのでしょうか。あるいは拳銃を手に入れたときでしょうか？　あるいは、持って出かけたとき？　それとも引き金に指をかけたときか？　もしそれでも撃たなければ、未遂にはならないのでしょうか？

「殺人しようと考えて、未遂だった」という言葉自体を考えれば、それこそ計画した段階で、ことは始まっています。

けれどもそれを「未遂」と認めたら、「あんなヤツ、殺してやりたい」と私たちが思った時点で、すでに殺人未遂の実行犯になってしまいます。殺すときに計画書をつくる人間なんていませんから、**現実には「思った」と「計画した」の境界線は曖昧**なのです。

もし、「思った」時点で殺人未遂になってしまうとすれば、仮に情報網を張り巡らせた警察が、ある噂で「この前、Aさんが旦那さんと大ゲンカして、アンタなんて八つ裂きにしてやると言っていました」などといった情報を入手した瞬間、Aさんを殺人未遂で逮捕せざるをえない社会になってしまいます。

そのため日本の刑法では、「被害者の生命を奪う、現実的な危険性のある行為」を開始した時点で、「殺人未遂」と呼ぶことになっています。

ですから一般の人は、仮に拳銃を手に入れても、相手に向けて構えるくらいの動作をしなければ殺人未遂にはなりません。また、「脅しただけで撃つつもりはなかった」という場合なら相手に向けて構えたとしても、これは「被害者の生命を奪う、現実的な危険性のある行為」とはいえませんから、殺人未遂にはなりません。

そうなってくると、さまざまな問題の考え方ができます。たとえばゴルゴ13のような凄腕の暗殺者なら、相手の背後に立っただけで、「現実的な危険性のある行為」になるのではないか、などということです。

これはマンガの場合ですが、たとえばいわゆる「煽り運転」のような行為のとき、本人は軽い気持ちでも、「被害者の生命を奪う、現実的な危険性のある行為」になる場合があります。その場合はやはり、「殺人未遂」で訴えられる可能性も出てくるわけです。

ポイント

「言葉の定義」で問題の本質が変わってくる

47

本の「まとめ」を書いてみる

言葉の意味を正確に把握するためには、やはり「疑問に思った言葉は、きちんと調べてみる」という習慣をつくることだと思います。現在は便利な世の中になり、電子辞書やインターネットですぐに正確な意味を調べられるようになっています。

また、単語を日本語の英語に置き換えてみたり、漢語から大和言葉、あるいはカタカナ言葉を日本語に言い換えてみたりするなどして、**言葉を変換していけば、問題の本質に迫れる**こともあります。

さらに「言葉自体に強くなる」ためには、「読書をする」のが、単純なように思われるかもしれませんが重要なことです。

読書の素材として、私は歴史書などが面白いと思っています。それは出来事の原因を考えたり、過去の出来事から現在の出来事を評価し直したりと、考える訓練になる部分が数多くあるからです。物語的な要素もありますから、娯楽性にもこと欠きません。

もちろん文芸作品でもいいし、ビジネス書でも哲学書でも、読むのはいいことです。ただ、読んで「楽しいなあ」とか「いいことを言うなあ」で満足せず、「自分の頭で問題を深く考えてみる」ことをお勧めします。

さらに読んだあとには、自分で「まとめ」を書いてみることをお勧めします。ほんの数行でもいいので、自分の思ったことを文字で書いてみるのがポイントになります。本の裏表紙に、ちょっとしたメモを残しておくだけでもいいのです。

「書いてみる」ようにしないと、やはり「言葉の力」はなかなか鍛えられません。**書く作業をすれば、その時点で新しい問題にも気づきますし、自分が使う言葉に対しても意識するようになります。**

最近はブログなどを使って、自分の思考を文字表現する人が増えています。そういうことも、私はどんどんやっていくべきではないかと思っています。

「考えること」とは、最終的には言葉で「表現」されるから意味を成すのです。その意味で〝考えっぱなし〟にしておくだけでは、もったいないのではないでしょうか。

ポイント

「考えながら本を読む習慣」をつくろう

48

「類似」や「対峙」を考えてみる

もうひとつ言葉の力を考えるとき、「その言葉と類似する概念」や「その言葉と対峙する概念」を、併せて考えてみるといいかもしれません。

たとえば憲法の世界には、「知る権利」というものがあります。「知る」といった漠然とした言葉では具体的にイメージしにくいかもしれませんが、「知る」に似た概念として、たとえば「見る権利」や「読む権利」と言葉を置き換えてみれば、「ああ、情報を見たり、読んだりする権利なんだな」ということがわかると思います。

「類似するもの」だけでなく、時には「対峙するもの」を考えてみるのもいいでしょう。「知る」というのは情報を受け取るということですから、逆に情報を発信する権利もあるはずです。これが「表現の自由」ということになります。

さらに考えていくと、「見る」とか「聞く」は、「知るための方法」になりますから、これは「知る」ということに対して下位の概念を考えてみた結果ということになります。

同じように「知る権利」のなかには、「情報公開請求権」というものがあります。この権利は政府が持っている情報を見せてもらうように要求する権利のことです。

あるいは「見たいテレビを禁じるのはおかしい」とか、「聴きたい音楽を聴けないのはおかしい」という具合に、文化統制を禁じる意味も持っているわけです。

「下位の概念」を考える一方で、今度は「上位の概念」も考えてみましょう。上位ということは、反対する概念をも内含できます。だとすれば、「知る権利」と「表現の自由」を合わせて、「自分の自由を守る権利」、つまり「人権」ということになるでしょう。

さらに「自分の自由を守る」ということになれば、いかに他の人が知りたくても、個人の名誉を傷つけるようなことを隠せる自由はあるはずです。だとすれば、はやり「プライバシーの権利」も存在しなくてはなりません。

このように**単一事項だけを考えるのでなく、「類似するもの」や「対峙するもの」、あるいは「上位の概念」や「下位の概念」を並べて考えるだけで、言葉の意味を全体的にとらえることができます。**

多角的にものを考える際に、このやり方は有効なものとなるでしょう。

ポイント

対象となる言葉の「反対語」や「類似語」を並べてみよう

49

あらゆることを「疑問視」してみよう

「言葉」を繰り出す時もそうですし、あるいは本を読むときもそうなのですが、「その言葉の意味を振り返り、問題の本質をつかむ」作業も大切になります。

その際には、あらゆることに疑問を持ってみる思考を忘れてはいけません。**好奇心をつねに持ち、ときには猜疑《さいぎ》心を持って物事を見てみるの**です。

たとえば「国際貢献は重要だ」とよく言われます。しかし、その「国際」とは一体何を指しているのかと考えだすと、誰の利益を一番に考えたらいいのかわからなくなってしまいます。

たとえば、一般的に「アフガニスタンに貢献する」というような言葉でも、国内にはさまざまな異なる思想を持つ集団がいます。必ずしもアメリカのような国家や、その国の政府の要望に応えることが、民衆のためになるというわけではありません。

また、テレビである事件の報道があれば、たいていは被害者の側に立って報道が行なわれます。しかし一方で、「どうしてこの人はこういうことを犯してしまったのだろう」とか、「こういう事件の背景には何があるんだろう?」と考えを広げていかなくては、問題の本質に迫ることはできないのです。そのために、あえて「犯人の視点」でものを考えることも必要になります。

重要なことは、簡単に**「なるほど」と納得せず、もう一歩踏み込み、「なぜ?」という疑問を抱き物事を突き詰めて考えてみる**ことです。あるいは「こういう理解でいいのだろうか?」と、小さな疑問を曖昧なままにしておかないことです。

さまざまなことを疑問視できるようになるには、普段から周囲の物事に関心を持っていくことが大切だと思います。

たとえば電車に乗ったとき、他の乗客を観察して、「この人の職業は何だろう?」とか、「家族構成はどうなんだろう?」ということを想像してみるのです。あるいは道を歩いている人を見て、「この人は一体、どこからどこに向かって行こうとしているんだろう?」と考えてみることも、私はよくやっています。これをやるだけで、相当な思考訓練になるのです。

誰も答えを教えてくれなくたっていいのです。「わからない」は、わからないままでもいいのです。

ただ、普段から自問自答するクセをつけることが、考える力を強化することにつながるのです。

ポイント

つねに自問自答を繰り返し、常識的なことも疑ってみる

50

「似たような問題」はないか探してみよう

さまざまな現象に遭遇していくと、「問題の本質は何か？」ということも、だんだんと見えにくくなると思います。その際に、**規則性や法則性を見つけだして、ひとつのルールをつくっていくと、個別の問題を考えやすくなる**でしょう。

たとえば裁判の世界には「判例」というものがあります。一般的に罪の深さは個別の案件によって異なりますし、泥棒だろうが殺人だろうが脱税だろうが、「何をやったらどれくらい悪いか」など数学的に測りようのない問題です。

とはいえ、そのような抽象的な議論を続けたところで、判決をくだすことはできないため、「このような犯罪に対しては、これくらいの上限で罰則を規定する」ということを、過去の例をもとにしてルール化しているわけです。

少し難しい話になりますが、法律の解釈には「法的安定性」と「具体的妥当性」というものがあります。

「法的安定性」とは、「同じような事件は同じように解決すべきだ」というもので、これが保障されていないと、人は自由に行動できなくなります。

たとえば、あるスピード違反をした人はおとがめなしだったのに、自分は運転免許停止処分になってしまった、というのでは納得いかないでしょう。

また、「いくらスピード違反が悪いことだ」とはいえ、車がまったくない道路で5キロオーバーした人が懲役刑になる一方で、通学路を大暴走した人が注意だけで済むのでは、まるで警官の判断によって人生が決まってしまうような世の中になってしまいます。

人々の自由な行動を保障するのは、憲法でも認められた大前提です。それが「違法も許される」ということにはなりませんが、あらかじめ基準をつくり、何が大きい違反で何が小さい違反かをハッキリさせておくわけです。

ところが、やはりこういったルールどおりでは、万人が納得のいく結論にならないことがあります。そのため法解釈には、「具体的妥当性」というものも要求されます。「普通は一人を殺害した場合に執行猶予はつかないけれども、この場合は情《じょう》状酌量《じょうしゃくりょう》の余地がある」といったケースなどがこれに該当します。

つまり、物事の共通点を見つけ、前例を参考にして考えていくというのは大切なことなのです。しかし**最終的な結論は、必ずしも「前と同じ」がいいのではなく、「本当に前と同じでいいのか」を細部までしっかりと考える**ことが重要なのです。

ポイント

ゼロから考えず、まず規則性や法則性を見つけていく

51
ヒューリスティックな思考を決断に反映させる

先に「具体的妥当性」という話をしましたが、この見極めをするのは、数学的に導きだした論理というより、むしろ「人としてどう思うか」という感性の部分です。

ですから法のような厳格な世界の決定でも、最終的には人の感情に照らし合わせて納得できる思考かどうかが重要になってきます。この辺りの線引きは非常に難しいものです。しかし、それでも原理原則に照らし合わせて、納得できる答えを見つけていく能力が「考える力」です。

必ずしも論理的ではないかもしれませんが、直感的に正しいことを突き詰めていくことも時には重要なのです。

たとえば過去に、刑事事件の時効にかかってしまった殺人事件の犯人が、「もう起訴されなくなったから」ということで、名乗り出てきたことがあります。それでは被害者はいたたまれないから、せめて民事での損害賠償でこの犯人を訴えようとします。

ところが民事にも、事件から20年が除斥《じょせき》期間で、刑事で言う時効のようなものがあるのです。すると犯人が自ら名乗り出ているのに、被害者は指をくわえて見ているしかありません。

結局、「逃げ切ればいいのか」ということになり、法的には正しくても、その原理原則を考えれば大きな疑問です。

そこで裁判所は、「犯人が遺体を隠し続けたために犯行そのものが長期間明らかにされなかったという事件において、その特殊性に着目して、被害者の死亡を遺族が知り得ない状況をことさらつくりだした犯人が、それ故に賠償義務を免れるとするのは著しく正義公平に反する」として除斥期間を適用せず、遺族による損害賠償を認めました。

このような裁定は、合理性よりもむしろ人間的な視点から正義に則ったバランスのいい結論を導きだそうとして、考え出されたものです。一番悲痛な思いをしたのは被害者なのに、その遺族が救済されずに犯人のほうが万々歳ではおかしい……と、多くの人が常識的に考えてもそうなるのではないでしょうか。

しかし、単なる人道主義的な意見だけでも人を説得することはできません。あくまで法の解釈を論理的に展開して、その解答を数学的にも納得できるものにする必要があります。

「合理性」も「ルール」も、正しい答えを出すための「手段」として使われるべきもの。それが「目的」になってしまってはいけないのです。

ポイント

合理的なだけでなく、人道的な側面からも考えてみる

52
黒か白かで割り切れる問題なんてない

論理性以外の視点から物事を考えていけばいくほど、単純な事柄にもさまざまな問題点が含まれていることに気づきます。

たとえば交通事故の損害賠償です。一般に損害賠償の額というのは、「その人がもし生きていた場合、将来にわたってどれくらいの収入が得られたはずか」ということによって決定されます。つまり、命を奪われたことによって喪失された額を保障するというのが、基本的な考え方です。

よく事故に遭った遺族は、「私のお父さんの命の値段はたった数千万なの?」と不満を口にするのですが、そのときの収入が少ない人と収入の多い人では、損害賠償額がまるで違ってしまいます。

たとえば被害者が、ガンにかかっていて、余命幾ばくもなかったとします。「あと3年の命」などといった場合には、損害賠償額が何分の一になってしまうわけです。事故は同じなのに、そんな差が出ていいのだろうか、と思われるかもしれません。

あるいは、実は今回の被害者はかつての凶悪犯人で、もし捕まっていたら死刑確実だったとします。にもかかわらず、事故に遭ったときは普通に働いていたため、何千万円もの損害賠償が入ることになりました。これでも本当に正しいのでしょうか？

法律は確かに一定のルールによって定められていますが、**複眼的に物事を見たら、合理的に「こういう場合はこう」と解決することなどできません。**だからこそ「考える力」がとても重要なのです。

法的なトラブルを例にあげましたが、このことは人生におけるいかなる問題でも同じだと思います。

私たちは学校で「答えはひとつ」という、明確な問題ばかりを解いてきました。しかし現実に直面する問題は、黒か白かと割り切れないケースのほうが圧倒的に多いのです。**グレーの問題に対し、私たちはどう対峙し、折り合いをつけていくかという問題なのです。**

そのことを私たちは忘れてはなりません。

ポイント

あらゆる問題の答えは決してひとつではない！

ステップ4

「ベターな判断」でスピードを上げろ

53

頭のなかに「思考の地図」を描けるか

「考える」ことは、私たちにとって永続的な行為です。たとえ結論が出なくても、考えることそれ自体を目的とすべきであり、さらに言えば、考え続けることにこそ意味があるのです。

とはいえ仕事の場では、私たちは考えたことを行動に移さねばなりません。そうでなければ、あらゆる問題を解決することはできないからです。

そして仕事の世界では、**素早く考え、解決のための仮説をいち早く出して行動を始めた人が、多くの機会を手にできるのです**。このことはビジネスではもちろん、法曹界でも変わりないと思います。

そこで、「どうすれば考えるスピードを迅速にできるのか」ということになりますが、実際に素早く考えることのできる人を見ると、ひとつの共通点があります。それは、頭のなかで「思考の地図」をきちんと描けているということです。

実際に考える作業というのは、「ステップ3」で述べたように、「事実」で「論理」を組み立てていくプロセスです。そして、どんな複雑な問題も、実は小さな問題の組み合わせなのです。

たとえばAという問題に対峙したとき、Dという結論にたどりつく前には、BやCの通過点を通ることになります。この過程にもさまざまな分岐点があるのですが、考える速度の速い人は、Bを選べばCにたどりつく、CならばDにたどりつくだろうと、思考が導くルートを的確に把握できるわけです。だから結果的には、最短距離で結論にたどりつくことができるのです。

これができるようになるためには、**グーグルマップのように視点をグーッと広域に引いて、問題の全体図を上から眺められる能力**が必要になります。

私はこれを「バードアイ（鳥の眼）」と呼んでいるのですが、論理的に問題を分析しているだけではそんなふうにものを見ることはできません。

では、一体どうすれば「バードアイ」を身につけ、問題を素早く解決できるようになるのでしょうか？

ポイント

視点を高いところに置き、全体を見渡してみる

54

頭の回転が速い人は、論を修正するのも早い

「バードアイ」を養うには、感性的な部分も大きくかかわるのですが、何より経験をできるだけ多く積んでいくことが重要になります。

先に述べたように、思考を地図として見れば、Bというプロセスを経て、Cにたどりつくコースもあれば、Eを経てF、Gを経てHというように、さまざまな経路の可能性があります。

しかし経験則があれば、「この問題は前に出会った問題と似ているから、Bが選択肢として合理的だな」ということがわかります。そうなると「Cという過程を経ることも想定できるな」、だから「ああ結論はこういうことだな」とあらかじめ推定できます。

このような思考経路は、普通の人がAからB、BからCと各駅停車で進んでいるのに対し、通過点を飛ばして一気に特急で突き進むようなものです。そのような人の思考が速いのも当然といえるでしょう。

しかし、ならばただ経験を積んだ人が素早く考え、成果を迅速に出せるのかというと、それは少し違います。現実にはいつまでもグズグズ考えてしまうベテランもいるし、経験が浅いのに、迅速に行動して素早く

対処できる人もいます。

その要因は、一体どこにあるのでしょうか？

まずは「決断の速さ」があります。**つまり考えるスピードの速い人は、あまり迷わずに、「これを選んだほうがうまくいく可能性が高い」と思い、すぐにそのコースで思考を展開し始めるのです。**踏み出しが速いから、つねに他の人の一歩先に出ます。

しかしそれだけだと、万が一間違った場合には、迷路に迷いこんで堂々巡りになってしまいます。本当に正しいのは、「可能性が高い」とBを選ぶけれども、「Eの可能性もあったし、Gもあったな」と、最初から後戻りするルートも描けることです。

結果的にBの手順で導きだした答えが現実的でないと思ったら、すぐに第二の選択肢へ思考を切り替えることができるのです。

これはある種の柔軟さであるとともに、**思考を展開しながらも、つねに自分のたどってきた道を正確に把握できている**、ということです。

自分が間違っている可能性もあり、もし間違えるとすればどこで間違えている可能性が高いかということを知っているということです。これは己を知っているといいかえることもできるでしょう。

修正が早いというのは、結果的に答えを導くスピードを速くするのです。

ポイント

思考の道筋がわかっていれば、修正も早くできる

55
憲法の問題を提議するために行なわれたある裁判

具体的な例で考えてみましょう。

２００３年にイラク特措法が実施され、自衛隊がイラクに派遣され、米国軍の支援をしました。いまとなってはアメリカの失敗が明らかになりましたが、当時から「日本は平和国家という立場であるべき」と主張する人は反対していました。私も「憲法九条を変えるべきではない」と考える人間ですから、派遣には反対していました。

そこで、これに対してどういう抗議をするか、という問題です。

実は２００８年４月１７日に、名古屋高等裁判所で「自衛隊のイラク派兵が憲法九条一項に違反する」という判決が出ました。一部の法律家たちが正式に訴えて、その主張が公的に認められたわけです。

このとき彼らが何をしたかったかといえば、日本が戦争の加害者として加担することを止めたかったということがあります。

けれどもそのために、よく言われる**「自衛隊が違憲である」という主張をしても、それを裁判所が認める可能性は極めて低くなります。**それに国民にしても、「そうは言っても、自衛隊は必要じゃないか？」と考える人は多いでしょう。もちろん法的に見れば、自衛隊の肯否にも問題はあります。あるべきか、あってはならないか、それとも正式に軍にすべきか……など、議論をする余地が大いにあることは明らかです。

しかしそのような問題を棚上げにしても、「いま、私たち日本が戦争という残虐な行為に加担している」という問題を、まずは国民にしっかりと考えてもらいたいわけです。そこで「イラク派兵」という具体的なひとつの問題を焦点にしました。

実際に航空自衛隊の活動は、武装したアメリカの兵士をバグダッドに運ぶ行為なのですから、どう考えても戦争に参加していることにほかなりません。

だとしたら「武力による威嚇《いかく》又は武力の行使は、国際紛争を解決する手段としては、永久にこれを放棄する」という憲法九条に、確実に違反していることになります。

訴えが通ることは当然でしょうし、「政府が憲法違反をしている」ということになれば、国民もこの問題を深く考えざるをえなくなります。

ポイント

目的をよく考えて、相応しい答えを選ぶ

56

「答えは３つ」と最初に言い切ってしまえ

ひとつの問題に遭遇したときに、それを解決するためのコースをどれくらい頭に描けるか、これが結局、問題解決の全体図を鳥の目で大きく描けるかのポイントになります。

直観で「これだ」と決めつけたけれど、それしか思い描けずに突き進んでしまうのでは、答えが出ないときに路頭に迷ってしまいます。それでは結局、考えるスピードも遅くなってしまうでしょう。

たとえば、会社の売上が落ちたとします。このときも「セールスパーソンの力が足りなかった」「消費者のニーズが変わった」「ライバル会社にいい商品ができた」「商品の欠陥が発見された」「販売環境の変化があった」などなど、理由はいくつも考えられます。

仮に「消費者のニーズが変わった」としたら、社員に喝を入れ、半ば強制的な努力をさせたところで何も変化は起こりません。かえって反発を招いて、事態は悪化する一方になるでしょう。

だからこのような場合の訓練として必要なのは、**「可能性を複数用意する」**ということです。私がよくやるのは、とにかく「３つの可能性がある」と決めて、強引にでも3つの選択肢をつくりだしてしまうことです。

これはスピーチなどでも有効です。まずは「3つの理由があります」とか「3つの方策があります」と最初に述べて、以下、その3つを箇条で述べていくのです。聞いているほうは、「3つある」と準備ができていますから、すんなりと受け入れやすくなります。

本当に3つあるかといったら、本当は最初は分からないこともあるでしょうが、その場合でもまずはひとつの解答を考え、次にその対極にある解答を考えてみれば、あとのひとつは、両者の折衷でもいいのです。

ひとつしか選択肢がないのが本当は問題で、別の道を見つければ、そこから2つの可能性の間にある選択肢が、限りなく生まれてきます。ゆえに企画書を出す場合なども、「最低3つは出す」と決めたほうが、あとで対応はしやすくなるのです。

ポイント

選択肢は1つではなく3つ用意しておく

57

2つの言葉の「関係」を考えてみる

2つでも3つでも、複数の可能性を考える際には、関連性や関係性のある事項を、連想できる能力が必要になります。

つまり、**「Aという可能性があるなら、それに類似するBという可能性もあるのではないか」「連続する可能性のあるCもありうるのではないか」**といった具合です。

私はよく連想力を鍛えるために、「目次」や「索引」を使ったトレーニングを勧めています。たとえば教科書に索引があれば、目をつぶって2つ、ランダムに言葉を選び出してみます。そして、その無関係にある言葉の「関係」を文にしてもらいます。

たとえば憲法の教科書を見て、バラバラのページにある「予算」と「知る権利」という2つの言葉が出てきたとしましょう。一方は人権で、一方は政治の仕組みや統治の話だから、項目としてはまったく違う問題になります。

けれども2つの言葉を関係づければ、「適切な予算を国民が監視するためには、その使い方などを国民は知らないといけない。そのためには、国民の知る権利がとても重要だ」と、ひとつの文脈のなかでつなげることができます。

もちろんビジネスパーソンもこのトレーニングはできます。新聞のなかの言葉をアトランダムに抜き出してもいいし、電車のなかで隣同士の吊り広告のなかの言葉から、2つを抜き出してもいいでしょう。

出版社では「三題噺」という入社試験が出ることがあるそうですが、これもアトランダムな3つの言葉をひとつの文章のなかで結びつける訓練です。ムリヤリこじつけることでも、やはりある種の「考える力」を培う材料になるということでしょう。

「関係性が頭のなかで連想できる」ということは、物事と物事の間にある、複雑な絡み合いを想像できる。つまり「全体像を遠くから見える」ということにつながります。

「関連性」には、具体的に「包含（一方が他方を含む）」、「分離（ひとつのものから分かれた概念である）」「隣接（接している）」「並列（対等な関係で並んでいる）」「対立」「原因と結果」「帰属」など、さまざまなものがあります。

いずれにしろ関連性がすぐに描ければ、問題解決の手順や、起こりえることの想定も、すぐに気づけるようになるはずです。

ポイント

「2つの事柄の関連性」で頭を鍛えよ

58

「締め切り」で頭にプレッシャーをかけろ

考える速度を上げるためには、時間的なプレッシャーをかけておくことも重要です。

- ・あと1時間で何かしらの答えを出す
- ・○時までに考えたことをまとめてレポートを出す
- ・今日のうちには自分の思考を整理して、ブログにアップする

こんなふうに「締め切り」を設けることで、頭はその時間に合わせて思考を回転させるようになります。

むろん「中途半端な分析で結論に走ってしまう」のはよくありませんが、時間が決められた問題に対し、一定の成果を出すには時間的なプレッシャーをかけていくことは必要です。

「試験」というのは、確実に時間の決められた問題です。いくら優秀な答えを出せそうでも、制限時間が切れてしまったら、そこで終わりで、答えを出せなかった人間は失格者になります。ですから、「時間制限の

なかで答えを出していく」という訓練を、伊藤塾では徹底的にやります。その方法も、「試験のなかでの時間」にできるだけリアルに合わせるのです。

たとえば試験の1週間前になると、私たちの塾では「試験と同じ時刻に、同じ時間制限で過去問題を解く」というシミュレーションの授業を開始します。

試験が午後1時から始まって5時に終わる日程ならば、塾生たちには当日と同じ時間に起き、同じ時間で予習をして、同じ時間に昼食を食べるような時間配分で一日を過ごしてもらいます。そうやって当日の日程に慣れることで、時間に合わせて考えるクセをあらかじめつけてしまうわけです。

時間が意識されないと、人はどうしてもグズグズと結論のない思考を繰り返してしまいます。とくにビジネスの世界も「スピード勝負」ですから、ある時間に合わせて、何らかの結論を出して行動に移す訓練をすることは必要でしょう。

ポイント

素早く解決すべき問題には「締め切り」を設けよ

59

あえて「点数」をつけて評価してみろ

時間内で考えるときに重要なことは、「複数の事柄に対して、何を優先順位で先にするか」ということだと思います。

誰でも一日の時間は限られています。仕事をする場合でも、「あの問題もある、この問題もある」とすべてを同時にやろうとするのでは、重要な問題に関しても、何ら前進ができなくなってしまいます。だからこそ、**「このことだけは考えておこう」と、あらかじめ決めておく必要があります。**

これはスケジュールの組み方でも同じです。多くの人はたくさんの仕事に追われていると思いがちですが、それらを全部こなすことは時間的にムリなのです。

時間内に、重要なことをどれだけ片付けられるかが、ビジネスパーソンの優劣を決めると言っていいのかもしれません。

私はよく優先順位を決めるときに、**「点数をつけておく」**ことをします。

その基準は、もちろん自分の価値判断で構わないのですが、塾をやっている以上は、やはり塾生たちにかかわることが最優先になります。

たとえば私は試験の当日には、必ず試験会場で塾生たちの見送りをすることにしています。これから受験する人たちが、「私の顔を見れば少しは安心するだろう」という気持ちからなのですが、これなどは傍でムダに見えても、私のなかでは最優先になるわけです。読者のみなさんには申し訳ないのですが、こうした本を書く活動は、それより低い点数になります。

そうやって点数をつけていけば、**いざというときに迷うことなく、「これはやる」と断行することができる**でしょう。

これが人間関係になると、本来は点数をつけることなどできようのないことです。しかし、そこをあえて割り切って相手との関係の重要性を、主観的に点数評価しておけば、迷ったときの判断がしやすくなります。

その基準も、自分が思うところの「いい奴だ」とか、「心が安まる」「褒めてくれる」「愚痴を聞いてくれる」ということで構わないのです。そうしておけば、「仕事があるけれど、Aさんからの誘いだから参加しておこう」と、迷わない判断ができます。

スピード優先で考える際には、このように「メリット」「デメリット」で、断固として一方を選び、一方を消去せざるをえないこともあります。「点数評価」は、一方的に結論を出す際には有効になるのです。

ポイント

優先順位は「点数」をつけて考えてみる

60

ベストよりもベターな判断を目指す

時間内に考えるときは、「完璧な答え」を出そうとしても難しい場合があります。

よく報告書や企画書などで言われることですが、仕事の速い人は作業の完成度が80パーセントくらいの結論でも上司に前もって出してしまいます。そこで間違いが指摘されれば、修正して時間内に合わせて提出できます。

一方で完璧を求める人は、いつまでもベストを求めて、締め切りに遅れてしまうわけです。しかし、それでは評価の対象にもなりません。

「ベスト」よりも、「ベター」という判断でいいのです。

確かにもっとよく考えれば、「よりいい答え」は出るのかもしれません。他の選択肢もあるかもしれません。けれども、その答えがいつ出るかはわからないのです。本当に出るかも不明です。その時間を待っていたら、いつまでも先には進めないでしょう。

だとしたら、**「ベター」の判断で一歩先に進んでおく。それでダメだったらあとに戻り、考え直してみればいいのです。**考え直す手順を踏まえても、いつまでも進まないままにしておくよりは、ずっとスピードは速くなります。

考える速度の速い人は、「選び抜く力」に優れている人です。けれどもそれは論理的に正しい答えをすぐに出せるということでなく、むしろ「主観的な割り切り」が上手にできるという部分も大きいのです。

このとき重要なことは、**「自分の主観基準」を大切にする**ことかもしれません。

つまり、グズグズ考えてしまう人は、他人の評価や、客観的な合理性をどうしても気にしてしまうのです。こういう人は、あとで他人から「間違っている」と指摘されることを、非常に恐れるわけです。

けれども、どんな問題解決でも重要なことは、つねに「自分のなかで納得ができる」ということなのです。

たとえば会社の問題にも、「ある人にとってはいいけれど、ある人にとっては悪い」というプラス・マイナスは、いつもあるかもしれないのです。「売上は上がるけれど、社員は忙しくなる」「コストは下げられるけど、リストラの必要が出る」などなど。

そうした「メリット」と「デメリット」に踏ん切りをつける基準は、結局のところ、自分のなかのモノサシにしかありません。

「それでいいじゃないか」と割り切る力が、最終的には重要になってくるのです。

ポイント

「自分の選択基準」を大切にする

61

私が「検事」でなく「弁護士」を選んだ理由

「ベスト」より「ベター」で選ぶべき問題には、仕事上のキャリア選択もあるかと思います。

たとえば、就職活動です。将来性のある会社か、給料の高い会社か、自分が興味を持てる会社か……すべての条件をパーフェクトに満たす会社など、いくら探したってなかなか見つからないでしょう。

だとしたら、とにかく自分が最も重視するポイントを考えてみるべきです。

「給料が高くても自分が興味を持てない会社では、長く続かないかもしれない。多少、条件は悪くても、いま面白そうと思える会社に入ってみよう……」

このように**自分が最優先で考える事項について納得できるのであれば、あとの条件を切り捨てて、とにかくその選択肢を選んでみる**わけです。

そのあとのことは、入社したあとの自分の仕事に合わせて考えていけばいいのです。迷っていたって、いつまでもスタートラインには立てません。
私が司法試験を突破したあとも、実は同じようなことがありました。そのときは「裁判官」「検察官」「弁護士」という3つの選択肢があったのですが、裁判官は自分に向かないであろうことはわかっていました。けれども検察官を選ぶべきか、弁護士を選ぶべきかで非常に悩んだわけです。

そのときに思ったのは、生意気ですが、検察官の仕事は素晴らしいけれど、将来の可能性が見えてしまっているということでした。だいたい40代、50代、60代とどんなキャリアを描くか、そしてうまくいけば検事総長といったゴールも、すでに確定している世界です。

それに対して、弁護士というのは無限の可能性が開かれている仕事と思えました。それこそ裁判だけでなく、いまの自分には想像もつかないようなキャリアのつくり方が考えられるはずだ……。

結局は未知の可能性やワクワクさを重視し、私は弁護士の道を選んだわけです。結果として、やがて私は法律家養成の教育活動をするという、本当に当時の自分が考えてもいなかった可能性を選ぶことになりました。

客観的に見れば、本当は検察官の仕事も幅広い可能性にみちています。しかし、当時未熟だった私にとっては、こうした主観的な基準で選択するしかありませんでした。

最終的な判断は、このように自分の主観でまったく構わないと思います。**間違ったと思ったら、そのときに引き返せばいい。**とにかく「自分が正しいと思う方向に進んでみる」ということが大切なのではないでしょうか。

ポイント

迷ったときは「直観」を信じて行動してみる

62

重要でない問題なら「棚上げ」にしてしまえ

考えた結果、結論を出さず、問題を棚上げにしておく、というのもひとつの決断です。

仕事で起こる問題は、必ずしも○か×で答えられるとは限りません。考えても、結論が出ないことはいくらでもあります。

それならば結論を出さず、あえて迂回《うかい》する策をとってみるのも一計です。たとえば先の「平和をうったえる」という問題でも、自衛隊の合憲・違憲から始めていたのでは、埒があかないでしょう。総理大臣の靖国参拝に裁判所が触れないのも、こんなところに〝理由〟があります。

しかしグレーの結論を出す前に、その問題が「先送り可能のものか」それとも「どんな答えでも何らかの解答を出して行動してみるべき問題か」ということは、よく考えておかなければなりません。

有名な、「パレートの法則」と呼ばれる原理があります。「80対20の法則」とも呼ばれます。イタリアの統計学者パレートが提唱したもので、「上位20パーセントが、全体の80パーセントの成果を左右している」という論理です。

たとえばメーカーの商品であれば、上位２０パーセントで売上の８０パーセントを生み出しているし、私たちの知的生産活動も、結局は２０パーセントのコアになる活動が、成果の８０パーセントを生んでいます。

ということは、２０パーセントの優先順位の高い仕事の問題は、決して先延ばしはできません。それを棚上げにしてしまったら、最終成果が大きく減退してしまうからです。

逆に言うと、**優先でない残りの８０パーセントの問題は、いくら先送りしてもほとんど影響が出ないわけです。**そのぶん優先順位の高いものに、一点集中して頭を使ったほうが効果的でしょう。

しかし「何が上位２０パーセントなのか」という問題も、よく考えておかなければならない問題です。先に述べた優先順位のテクニックなどを使い、メモなどにまとめておくことが肝心かもしれません。

ポイント

「何が上位２０パーセントなのか」を考えよ

63

「考える前に動け」は間違いである

効率的に考え、その速度を上げていく方法を述べてきましたが、そうなると「考えないで行動すれば、一番速いのではないか」という意見も出てくるかもしれません。現に日本の古い会社などには、「頭より足で稼げ」とか「考える前に動け」といった主張をするところもありました。

しかし結論から言うと、私はそれは間違いだと思います。

「考える」は必ず「行動する」の前になくてはなりません。たとえ一瞬の思考であっても、「考える」時間はあらねばならないのです。

どうしてかというと、**何も考えずに行動したのでは、結果のフィードバックもできないし、何かあったときにプラン修正することもできなくなってしまう**からです。

ただ単に他人の「言いなりになる」か、「なるがままに任せる」しか行動の余地はなくなってしまいます。それでは自分の仕事を自分でコントロールしているとは言えない状況です。

たとえば上司の命令などで、「お前は何も考えなくていいから、これをやれ」と言われることもあるでしょう。しかしそんな場合でも、やはり考えたほうがいいのです。

「どうして上司はこんな命令を出したんだろう？」というように。

もちろん納得できなくても、命令どおりに行動しなくてはならない場面はあるでしょう。けれども一度考えておけば、その行動が起こした結果について、自分の判断でアクションを起こすことができます。

たとえば、「これではやはりムリのようです。こういう修正案を考えましたので、試させていただけませんか？」と上司に提案してみることもできます。

結果的に上司の案がうまくいったら、そのときも「考える」を経過したあとなら、「そうか自分のこういう発想が間違っていたんだ」と、それを自分の成長に反映させることができます。**それができない限り、不満が募るばかりで、いつまで経っても自分自身でチャンスを切り開くことができないでしょう。**

「考えなしに行動する」傾向のある人は、一度「立ち止まる」クセをつけたほうがいいと思います。

ビジネスパーソンの中には、とても仕事の実力はあるのに、忙しく時間に追われるばかりで、一向に仕事に新しい変化を起こせない人がいます。それはやはり「考える時間」が持てていないのでしょう。
ほんの少しの「考える時間」で、自分自身を大きく変えられることもあるのです。

ポイント

どんなときも考えずに行動してはいけない

64

誰の考えにも「偏り」がある

考えるスピードの速い人は、頭の回転が速いだけでなく、「柔軟に物事を考え、思考に軌道修正をかけるのも早い」という話をしました。

ここからスピード思考を実現するために、どうすれば「柔らかい頭」をつくりあげることができるかを述べていきましょう。

それには第一に、**「自分は決して正しい存在ではない」「自分の思考も偏っているんだ」ということを、あらかじめ自覚しておく**ことです。

誰の思考も、経験や人生環境、身を置いてきた価値観などに影響され、多かれ少なかれバイアスがかかっているものです。どんなに自分は謙虚で、しごく正論を述べているつもりでも、自分が「正しい」と考えていることが、他の人から見たら「間違っている」ということはあります。

そして仕事やそのほかのかかわりで生じた問題を解決する場合、自分の「正しい」ではなく、周りの人の「正しい」に合わせなければ解決できない場合もあるものです。このようなとき、**素直に自分の偏りを修正し、最善の道を選んでいくことができるかどうかがカギになります。**

たとえば知ってのとおり、私は憲法改正に対して「反対」の立場を貫いています。

そうすると「護憲派」の立場の情報は入ってくるけれども、「改憲派」の立場の声は意識しないと入りにくくなります。中立ではなく、自然とバイアスのかかった方向に、自分の思考が誘導されてしまうわけです
しかし法律の世界で仕事をしていれば、「改憲派」の人たちと協力し合わねばならない場面はたくさんあります。それに「憲法をどうするか」では対立するけれど、「裁判員制度の是非では意見を同じくする」といった場合も多いのです。

こういった場合は、自分のバイアスを客観的に見ながら、相手と一緒に問題を解決していく能力が要求されます。

別に自分の主張や信念を曲げる必要はないのです。ただあらゆる問題に関して、すすんで自分の偏りを破り、反対意見を理解しておく必要があります。

まるで自分と違う第三者を頭のなかに置き、自分という人間を中立な立場から見る。こういった思考が現実の問題に対処するために重要となるでしょう。

ポイント

自分の思考にも「偏り」があることを知れ

65

見たくない、聞きたくない情報も知っておけ

柔軟な思考能力を身につけるためには、反対意見までを含めた客観的な情報収集をしていく必要があります。

現在、「情報収集」といえば、何といっても手軽なのはインターネットでしょう。大量の情報が簡単に集められるために、知りたい情報があれば、とりあえず〝ググる〟という人は多いと思います。

けれども、とくにインターネットに蓄積している情報の場合、それが責任ある発言なのか、匿名情報なのか、きちんとした事実に基づく情報なのかということを把握しないと、何の根拠もない「論理」を「事実」として受け取ってしまう恐れがあります。

情報の出所や出典を調べ、一次情報にアクセスする手間を惜しんではなりません。インターネットの場合、出典元がわからなければ、相手に確認することもできます。ブログなどに質問をして、きちんとした反応があれば、その情報に対する信頼性も増すことと思います。たとえ考え方が違っていたとしても、理解し合えることができれば、それが貴重な情報源につながっていくのではないでしょうか。

　書籍はもちろんですが、新聞などにある情報にも、やはり「偏り」はあるものです。だから新聞などはできるだけ複数を参照したほうがいいし、書籍に関しては著者の立場や背景を調べ、別の立場にある著者の本も参照したほうが中立な立場から情報を集められます。

　面倒に思うかもしれませんが、情報収集する際は、やはり一定量の情報を集めなければ、本当の問題点はつかめません。

いくら質の高い情報でも、それが人間が発信したものである限り、どこかには「偏り」があります。だから「情報の量がその情報の質を変える」という気持ちで、本であれば10冊以上の関連する書籍などに目を通し、法則性や考え方の方向性なりを見つけだしていくことが一番の学習法になるでしょう。

　頭のなかにある情報の幅が広いほど、物事は柔軟に考えられるものです。

たとえ「納得できない」という論でも、できるだけその考え方を知っておくほうが、自分自身の「考える力」を鍛えるために有効なのです。

ポイント

偏った情報収集は、判断ミスのもと！

66
自分の間違いは謙虚に認める

自分の考えが「偏っていたな」と思ったとき、そのことはきちんと記録しておいたほうがいいでしょう。「思考の反省ノート」をつくり、ときおりチェックしてみたほうがいいかもしれません。

その必要性は私自身が経験から学びました。とくに法律の世界で議論をしていると、**考え方を同じくするプロの人たちとばかり話をして、知らず知らずに偏った視点から自分の論理を構築していることがあります。**それを修正するには、絶えず「誤り」を戒める必要があります。

たとえば「裁判員制度」なども、私は理念としての市民参加は賛成です。市民が参加して、現在の刑事裁判制度に風穴を開ける、これは当初素晴らしいもののように思えました。私の周りには刑事弁護士が多く、日本の刑事裁判制度の問題点を指摘したり、冤罪《えんざい》と闘ったりしている方も多いですから、この議論が始まった当初は「そうか、それは素晴らしいことだな」と安易に納得してしまいました。

けれども一般の方々から見れば、「そんなことはプロに任せるために、弁護士や裁判官がいるんでしょう。私たちには私たちの仕事があるじゃないですか。どうしてそんな義務を負わなければいけないのか」という話になります。法律のプロが考えるような「いやいや裁判をよりよくするために、市民に参加してほしいんだ」という理論は、通用しません。

そうして別の立場から見ると、確かに現在の裁判員制度には、法律のプロたちが、市民に責任を押しつけているようなところもあります。法律家が理想としてきた「陪審制」ではなく、妥協の産物として生まれたような形になっているわけです。

仕事でも同じでしょうが、その世界でプロとして仕事をしていると、違う立場からものを考えられず、次第に「頭でっかち」になっていく傾向が出てきます。それが「メーカーが販売者の気持ちがわからない」とか、「売り手が買い手の気持ちがわからない」ということにつながっているのではないでしょうか。

それを防ぐためには、やはり部外者の意見を聞き、積極的に「反省」をするべきです。**自分の意見を謙虚に修正する態度こそ、成功するためには必要**なのでしょう。

ポイント

「失敗例」は必ず記録しておくこと！

67

反対意見の人を、固定観念で評価しない

自分の考えに対して「反省」を行なっていくべきなのは、人に対する評価の点でも同じことです。

たとえば私のように司法試験の受験指導校を立ち上げた人間は、大学教授陣からすれば、ある意味で格好の攻撃対象となります。実際、指導法や存在意義について厳しく批判されたことが多々ありますから、仇のように考えられていた部分も少なからずあったようです。

けれども、あるとき慶應義塾大学と龍谷大学でロースクール立ち上げに関するシンポジウムが催されたとき、受験指導校を営む私を、パネリストとして呼んでくださったことがあります。「司法試験の受験に携わっている立場からの意見を聞きたい」ということだったのですが、話を受けときは、「こういうフェアな考えを持った先生もいらっしゃるんだ」と感動したものです。

当たり前のことですが、どこの世界にもさまざまな意見を持つ人がいます。

ある教授に自分の批判を手厳しくされたからといって、「大学の先生

たちは全員、指導校の教師を快く思っていない」と判断していたら、一部を全体に当てはめるようなものです。このように被害者意識に凝り固まってしまっては、真実が見えなくなってしまいます。

だからこそ私たちは批判を恐れずに、違う立場にいる人たちの意見をよく聞かなければなりません。**同じ意見の人とだけ話をしていても、広い世界から離れていくだけです。**

よくよく批判者たちを知ると、単に自分がある発言を誤解していただけだったとか、「この部分は批判されているけれど、この部分は受けとめられている」ということがわかることがあります。

ほかにも身なりや風貌、その瞬間の表情や固定観念、第三者の噂など、相手の評価にバイアスをかけるものは多くあります。それに本人が人間的に好きになれないとしても、その意見まで「間違っている」とみなすのは、フェアではないし自分のためにもなりません。

これは上司や同僚といった、普段接している人との関係においても同じことがいえます。

感情は感情、論は論として、公平な立場から相手の判断をしていくことが、ほかならぬ自分を歪めないために重要なのです。

ポイント

意見が違うからといって、人物を否定するな

68

自分の「弱み」を把握しておく

公平にものを考えるためには、先に「自分の欠点」も押さえておくといいでしょう。それも感情に惑わされず、謙虚になって受けとめておく必要があります。

前に講演で、私は「強者の側にいて、挫折を知らないんじゃないか」と言われたことがあります。本当に弱者の気持ちがわからないのに、それで憲法における弱者救済の理念を説いたところで、口先のことしか言えないのではないかと言われたのです。

「そんなことはない」と言いたいのですが、謙虚になってよく考えれば、確かに私は東大の法学部に入り、その後に弁護士の資格をとっています。そして司法試験受験の世界でカリスマと言われ、本を書き、講演をしている。その間に多くの葛藤は経験したものの、客観的に見れば、社会的な勝ち組と見えるのは確かでしょう。

そうしてみると本当の貧困に苦しんだこともないし、差別を受けてつらい思いをしたこともありません。平和を説いたところで、戦争へ行って悲惨な体験をしたわけでもないのです。机上で学んだ経験から憲法理論を説いているだけですから、「何の気持ちもわかっていないじゃないか」と言われれば、たしかにその通りなのです。

けれども、「だから自分は間違っている」と受けとめてしまったら、やはり私の思いを伝えることはできません。**その弱みをわかったうえで、「では、どうすればその負い目を自分はカバーできるのか」と考える**ことが重要だと思います。

もちろん「貧困者の気持ちがわからない」といって、自分の全財産を投げ打って、貧困生活を体験するということはできません。けれども相手のところに出向き、話を聞き、その痛みを真剣に知ろうとすることはできます。

戦争体験者の話、高齢者たちの話、社会的弱者たちの話……。私はあくまで「その人たちになる」ということでなく、法律の立場から「その人たちの役に立つこと」を考えていきたいのです。

自分の弱みをしっかり知り、間違った方向へ進まないようにしていけば、それは「できる」と信じています。

人間は誰でも、完璧な存在ではありません。完璧になろうとしたって、神さまや仏さまではないのですから、それは不可能なことです。

だとしたら、必要なことは**「完璧でない」ことを謙虚に受けとめる**ことです。過信さえしなければ、考える力でそれを補うことは十分に可能だと思います。

ポイント　自分の弱点は冷静に把握しておく

69

他人の目に、自分はどう映っているか

自分の弱点を知るためにも、「よく人から指摘されること」は、しっかり自分で把握しておいたほうがいいと思います。

たとえば後輩から、**「先輩はいつも無茶するんだから」としょっちゅう言われるなら、「思慮に欠ける行動をすることがある」というのが自分の欠点になります。**

恋人から「優しすぎる」と言われるなら、それを褒め言葉と受けとめるだけでなく、自分には「優柔不断なところがある」と理解しておいたほうがいいでしょう。

ほかにも「疲れたなあ」とか、「まいったなあ」という言葉を、自分自身が「しょっちゅう口にしている」と周囲から受けとめられているなら、知らず知らずのうちに「ホンネが口に出やすい」とか、「忍耐力が足りない」という欠点を吐露していることになります。

私がよく部下たちから言われることに、「館長は、自分ができることは、人もできると思っているでしょう?」という言葉があります。

たしかに講師という立場上、いつも元気そうに振る舞っていますし、

寝ずに仕事をするようなことも習慣的にやってきた経緯はあります。つい、「自分もやっているから相手もできるだろう」と厳しいことを要求してしまいがちかもしれませんが、言われたほうはたまったものじゃありません。

自分がそうだとは思っていませんでしたが、「名選手は必ずしも名監督にあらず」というのは、こういうふうに「自分がやっていること」を、ついつい人に押しつけてしまうからかもしれません。

しかし、それでは部下の心は次第に離れてしまい、上に立つものとしては失格になります。

だからこそ、逆に私は「法律だけでなく、経営を学ばなくてはいけない」ということを自覚しているわけです。

本などを読んで人一倍経営のことを勉強しているつもりですし、積極的に優秀な経営者に会って、話をお聞きしたりしています。

つまり、「だから人の上に立てない」でも、「オレはオレのやり方でやる」でもなく、**他人の言うことを素直に受けとめて、「ではどうすればいいか」と能力を補う方法を考える**ことが大切なのです。

謙虚に物事を受けとめて、対策を自分なりに立てていけば、欠点を補う形でどんどん人は成長していけるはずです。

ポイント
他人に自分の悪いところを指摘してもらおう

70

欠点を克服するのでなく、「長所」のほうを伸ばす

もうひとつ、私がよく指摘されることに、「健康のことをあまり考えない」ということがありました。

それも弱点なのですが、もともと頼まれたらイヤと言えない性格ですし、誰にでもいい顔をしたくて、ついつい許容量以上の仕事を受けてしまうことがあります。

それが結局、身体に過大な負荷をかけることになり、健康を害してしまうことにもつながります。結果、仕事が遅れると頼んだ人にも迷惑になりますから、あまりこれはいいことでないでしょう。

しかし、では頼まれた仕事を断ればいいかといえば、私はそれもすることができません。人の喜ぶ顔が見たくて仕事をしているのに、ガッカリさせてしまうのでは、本質から外れてしまっていくような気がするからです。

そこでどうしたかといえば、自分の得意技である分析力や、仕事における優先順位づけや判断力に磨きをかけ、時間管理をきちんとできるようにしたのです。

多少の時間はかかりましたが、その結果、効率よく受けた仕事を回せるようになりました。

同時にそのノウハウは、「勉強術」や「時間術」といった形で読者に提供できるようにもなりました。

さらに加えると、健康面にも気を遣うようになり、とくにメンタル管理で学んだことは、そのまま塾の授業にも生かせるようになっています。

このように「欠点をなくす」のではなく、「長所のほうに磨きをかけて、欠点を補っていく」こともできるのです。

欠点はもともとその能力に欠けているのに対し、長所はそのための素養を十分持っているわけです。ない能力を身につけるより、持っている能力を伸ばしたほうが、効率はいいかもしれません。

試験勉強でも、苦手なところを克服するより、得意分野に磨きをかけたほうが基準点には届きやすくなるものです。誰でも欠点があることは当たり前ですし、ある意味で、それはその人の持ち味であるとも言えます。

だとしたら、持っている「いい部分」のほうを、もっと伸ばすことを考えるべきです。
これはとくに満遍な能力でなく、ある分野に特化したプロフェッショナル能力が要求される現在のビジネス社会で、重要な発想になるでしょう。

ポイント

自分の長所に磨きをかけよ

71

「欠点」を「強み」に変える

「短所」というと、私たちはすぐにマイナスの点ばかりを考えてしまいます。

しかし、よく言われるように、「短所」とは「長所」の裏返しであることも多いのです。「内気だ」といえば短所ですが、「落ち着いている」といえば長所になりますし、「行動が速い」といえば長所ですが、「考えなしに動く」と言われれば短所になります。

ですから、**欠点を把握しても、それを「変えよう」とするのでなく、ポジティブにとらえて「個性を生かそう」と考える**ことが本当は大切なのではないでしょうか。

先に私は、経営者としてはまだまだ未熟な部分が多い、と述べました。マネジメントより、むしろ一講師というプレイヤーの部分にこだわっているから、どうしてもそういう面が出てきます。

けれども経営に専念するかといったら、そういう気持ちはありません。やはり私が講師として塾生たちの指導に力を注いでいるからこそ、伊藤塾という組織の個性は成り立つのだと思います。

たとえば講師として塾生たちと接していれば、直接、私のところに塾生たちの声が入ってきます。そのなかには、「こういう部分がわかりにくい」とか「こういうところを改善してほしい」というクレームのようなものもあるのです。

そうやって声を直接聞けば、私はそれを経営者として、塾の改善に結びつけることができます。現場を離れてしまえば、やはり最前線の情報は入りにくくなるでしょう。

外で講演をしたり、本を書いたり、たまにテレビに出たり、私が自分の個性を発揮するためにやっている仕事は、必ずしも経営者としての王道ではないのかもしれません。けれども「講師」である「塾長・伊藤真」のブランドができあがることは、やはり塾のPRに大きくかかわってくることは確かでしょう。

だとしたら、やはり私は自分が得意とすることを極めていくことが大切ではないかと思うのです。確かに経営能力ではまだまだ磨くべきものも多いのでしょうが、そのぶんは補ってくれるスタッフが大勢います。

私の欠点を補ってくれる人がいるのも、やはり自分が弱点のようなものを隠さずに、さらけ出しているからだと思います。

弱点などとは考えずに、自分の個性を周囲の人に理解してもらう努力が、それを克服する以上に大切なことなのではないでしょうか。

ポイント

「短所」も見方を変えれば「長所」になる

72

「何が求められているか」に合致する「仮説」を立てる

考えるスピードを、「問題に遭遇してから、その解決策を導きだすまでの速さ」と定義するならば、「いかに答えに近い仮説を立てられるか」が迅速に問題解決するためのカギとなります。

では、どうすれば「答えに近い仮説」を立てられるのでしょうか。

重要なことは、何のための仮説なのか、つまり「目的」がどれだけ明確になっているかです。

「仮説」とは、目的を明確にするための手段に過ぎません。ある種の自分の目的を達成するための「仮説」なのか、それとも自分の論理を説明するための「仮説」なのか、いずれにしろ、その「仮説」とは、目的を「結果」とした場合の「原因」となるものでなければいけません。

たとえば、「司法試験を突破する」というのが「目的」だとしましょう。

そのためには、一体何をすればいいのかを考えます。

「頭がよくなればいい」とか「法律に詳しくなればいい」という漠然とした考えは、必ずしも目的に合致した「仮説」とは言えません。

いまの試験は「法律に詳しければ突破できる」という類のものでもないからです。

そうではなく「法的に考えて、論理を展開する力」が必要になるのです。

しかし、試験に失敗する人の多くはそのことに気づかず、相変わらず知識の量を増やすことだけに一生懸命で時間を費やし続けてしまうのです。レベルの高い試験になればなるほど、それでは突破しにくくなるにも関わらずです。

それは、つまり「何が求められているか」に対応した「仮説」をつくりだしていないのです。

どうすれば現在の司法試験に対応できるだろうか？

↓それには試験で必要な「考える能力」を身につけなければならない

↓とりあえず合格者数を多く輩出している学校のやり方を参考にしてみよう。

伊藤塾の宣伝をするわけではありませんが、問題解決に近いところにある「仮説」を立てるには、このようにゴールから「原因」と「結果」が合理的につながるように考えなければならないのです。

ポイント

仮説を立てる前に、その目的を確認する

73

「余計なこと」に時間を使わない

司法試験のために知識をやたらと詰め込む人のなかには、まるでドーナツ化現象のように、肝心の核の部分に対する理解が薄くなっている人がいます。

たとえばインターネット取引や、電子商取引の最先端の問題点はよく知っているけれども、「そもそも契約とは何なのか」という根本的なことを問われたら、答えられないというような事態に陥ってしまう人です。それでは結局、現場で起こる問題には対処できません。

ビジネスの世界にも、そういう人はいるのではないでしょうか。マーケティングなりマネジメントなり専門的な知識ばかりは詰め込んだけれど、仕事の何たるかはわかっていない。本質と外れた不祥事を起こすのは、そういう人たちなのかもしれません。

迅速に答えを出す際には、余計な知識の枝葉を取り除き、ベースとなる本質部分を取り出してシンプルに考えることが不可欠です。

知識や情報をたくさん入手するのもいいのですが、何がベースで何が上澄みかはハッキリさせなくてはなりません。

私は「真理はシンプルで美しい」という持論を持っています。数学や物理のような理系の学問が好きだったからかもしれませんが、現実の問題も、シンプルで美しい筋道が一番本質に近づいていると思います。

司法試験に合格すべきはどのような人なのでしょうか。それは法律を世の中の役に立てられる人のことです。だとしたら法的思考でそれを実現できる人を育成すればいいと私は考えています。ではさらに経営面のことを考えたとき、塾の利益はどのようにして出せるのでしょうか。塾生が増えれば利益は出ます。ではそのためにはどうすればいいのか。合格者をたくさん出して、「ここがナンバーワンだ」と知ってもらえばいいのです。

実にシンプルな筋道をそのまま実行してきたからこそ、私たちの塾もここまでこられたのだと思います。

「ステップ3」では「図解」という方法を述べましたが、ビジュアル化してみれば、「余計なこと」は取り除きやすくなります。

キレイでバランスのよい図ができるほど、あなたの仮説は答えに近づいているのです。

ポイント

真理は必ずシンプルで美しいものであるべきだ

74

「基本」をしっかり頭に擦り込んでおく

東大の法学部を卒業して、7年間伊藤塾で司法試験の勉強をしても受からなかった塾生がいました。彼は結局、試験を断念して法律の勉強から離れます。

それで2年間、彼は社会人をやり、それでも「やはり法律の世界で仕事をしたい」と考え、うちの塾にゼロから再入門したのです。

結果、1年間勉強した後、アッサリと試験に合格できました。

一体どうしてこのような結果になったかといえば、彼は再入学してからの1年間、基礎の勉強ばかりを徹底して繰り返したからです。

もともと彼は東大法学部で学んでいましたから、それまでの7年間は、「自分はもう初歩的な勉強はしなくていい」と中級以上の勉強をしていました。その方針をガラリと変えたら、見事に合格できたわけです。

同じようなことは大学入試でも起こることです。**参考書や問題集をあれこれ手をつけるよりも、同じテキストを何度も繰り返して、徹底的に頭に擦り込んだ人のほうがうまくいくものです。**あらゆるジャンルに言えることでしょうが、思考のスピードを速くするには、「基礎を徹底的に身につけること」も重要な要素なのです。

けれども、多くの人にはこれができません。なぜなら一度やった問題集を、何度も繰り返すのは面白くないからです。どうしても飽きてしまうわけです。

これは仕事でも同じだと思います。一度覚えたことを何度も繰り返して、その精度を徹底的に上げるのは、非常につらくて根気のいる作業です。それより「もっと面白い仕事がしたい」「何か新しいことをしたい」と、人はまだ体験していないことにどんどん惹かれていきます。

しかし、いざというときの閃きは、体のなかに染み込んでいる自分の「思考の型」のようなものが導きだすのです。これができていないと、新しい問題に対処したときに、何をベースにして考えるのかがブレてしまいます。

繰り返しでは成長性が低いように感じるかもしれませんが、実は意識を変えたり、ポイントを変えたりするだけで、新しい発見が必ず生まれてくるものです。それが土台となる「考える力」を非常に強化しているのです。

ですから、まずあなたは「いまの仕事のなかで培っている考え方」を第一のベースにして考えるべきだと思います。それを極めたとき、あなたならではの思考能力をつくりあげる基礎のようなものができあがってくるのです。

ポイント

奇策に走らず基礎を徹底的に身につけろ

ステップ5

「わかりやすさ」で結果を出せ

75

相手に合わせて表現をアレンジせよ

「考える」ことによって何らかの成果を得ようとする場合、やはりその考えたことを「どのように表現するか」が重要になってきます。

司法試験でも、やはり表現する力は重要になってきます。**つまり「知識」を頭に詰め込むようなインプット（入力）の勉強ばかりをしていても、文章を書くなどのアウトプット（出力）のトレーニングをしておかないと、採点者には伝わりません。**

表現にも、話して伝えたり、書いて伝えたり、あるいは何らかの行動で示すなど、さまざまな方法があります。

結局、重要なのは、**「伝えて、相手にどうしてほしいのか」**ということではないでしょうか。

たとえば、講演を例に考えてみましょう。仮にあなたがいくら自分の知識を披露して、話したいことをガンガンに主張しても、聴いている人が理解できなかったり、あるいは関心すら払われなかったりすれば、自己満足しているだけになります。

講演というのは、自分の考えを話して、聴衆に何らかの共感を得るために行なうわけです。

反論が出るのは仕方ないにせよ、まずは自分の考えを、聞いている人が心を開いて受け入れてくれなければ、意味がありません。

かといって、人は自分が欲している情報しか獲得できないものです。**相手に自分の考えを受けとめてもらいたいなら、相手が望むところに合わせて、自分の思考を加工していくような技術も必要になります。**

たとえば、私の「考える力」のベースには、やはり法律について考えてきた経験があります。

しかし、だからといって司法試験の受験生ならともかく、一般のビジネスパーソンの方々に、法律談義を長々と述べたところで理解してはもらえません。

本書の目的は、あくまで「法律を学んでいただくこと」ではなく、「考える力」を身につけてもらうことにあるのですから、できるだけ法律に興味のない方にも理解していただけるように、私は表現の仕方をアレンジしなくてはなりません。

また「共感してもらう」という目的のためには、あえて自分の弱点をさらけ出したり、反対の立場の意見を認めたりということも必要です。そのほうが、自分の話を相手に受けとめてもらいやすくなるわけです。
「表現する力」には、このような戦術やテクニック的な要素も必要になるのです。

ポイント
伝わらなければ、「考えたこと」は実現しない

76
論理的に「言いたいこと」をつなげる

伝える際に、一番相手にとってわかりやすいのは、まず結論を述べて、論理的に筋道を立てて説明していくことです。

「考える力」を磨くことは、これから私たちにとって、非常に重要な能力になっていくと思います。

なぜなら情報量では、すでにインターネットなどのツールで差がつかなくなっており、そのような社会で私たちが他人と差別化を図っていくには、得た情報から何を生み出すかでしかなくなっていくからです。

このように、「論理的」であるということは、**「結論はAだ」「なぜならBの理由があるからだ」と、「Why、Because」で話をつなげていくことです。**

AだからBだよね。BだからCでしょう。CだからDでしょう……と架け橋をつなげていけば、「ああBという理由があるよね」「でも、なぜだ？」「ああＣだからか、なるほどね」と、聞いている側は理解が深まっていくことになります。

この表現法の利点は、相手に最初から着地点が示されていることです。結論が最初からわかっていれば、聞いている側は「この人は最終的にどちらに話を持っていこうとしているのかな」と迷わなくて済みます。「この人は一体何が言いたいんだろう」と相手が不安になることを、あらかじめ避けておけるわけです。

もっと親切なやり方としては、**最初に話の全体像を示しておく方法**もあります。前に述べた考える方法の応用ですが、「今日は３つのお話をします」「１つめはこんなこと。２つめはそれに関してこういうこと。３つめはまとめで、こういうことを話します」と道筋を記してしまうわけです。あとは「まず、１つめですが……」と、伝えていけばいいので、相手にも心構えができます。

このやり方も、受け手の側に立って、自分の論理をたどりやすくしてあげる手助けをしているわけです。

「予測可能性」と私は呼んでいますが、**最初に「これに関する話題がくるな」と準**

備できれば、相手には話がすんなり伝わります。正確に言いたいことを伝えるには、最も賢いやり方と言えるでしょう。

ポイント

相手が論理で理解できるように伝える

77

緻密すぎる論理はかえってわかりにくい

しかし言葉で相手に意見を伝えようとする場合、「論理の橋」だけ架けていれば、相手が渡ってきてくれるわけではありません。仮に話の途中で、渡るべき橋のひとつに納得できずに、「あれ、それはどうしてだろう」と考えこんでしまえば、話は先に進んでしまい、聴いているほうはそこで立ち往生してしまいます。

論理力だけに頼って話を進めてしまうと、その話についてこられるかどうかは、結局は相手任せになってしまうわけです。

言葉で話して相手に意見を伝える場合は、それが講演だろうとプレゼンだろうとスピーチであろうと、結局は「コミュニケーション」力になってきます。相手に理解されているかどうか、**相手側の視点から絶えず確認していくことは、非常に重要になります。**

私も講演や講義でお話をさせていただくときは、つねに聴衆の反応を見て、確認しながら論理を進めていきます。

その際、「伝わってないな」と思ったら、あえて「ちょっとしつこいようだけど、大事なのでもう一度、繰り返してみます」とリピートしたり、「たとえば……」と具体例を挙げたり、あるいは「ちょっと別の観点から言ってみますとね」とアプローチの仕方を変えたりするのです。

また場合によっては、「ここはいまの段階でわからなくてもいいですから」と、橋を省略して次の段階に進んでもらうこともあります。

「最後になってもう一度振り返ってみるとわかりますから」ということなのですが、そうすれば相手に「わからないなあ」という思いを引きずらせないようにすることができます。

その他にも、大事な部分は声のトーンを上げてみたり、あるいは身振りや手振りを加えてみたり、さまざまな言語以外の情報も加えます。

もちろん、あらかじめ図などをつくり、それを見てもらいながら説明することもひとつの方法でしょう。

論理というのはわかりやすくするための方法ですが、それが緻密すぎると、かえってわかりにくくなることもあります。だからあえて大ざっぱに言ってみたり、細かい部分を省略したりということも、ときには必要になります。

機械相手に説明するのではありませんから、相手の理解度も、状況によってさまざまに変わってきます。

その意味では、「相手の目線に合わせて説明する」ということが、とても大切なのです。

ポイント

常に相手の反応を見ながら説明せよ

78

「いきなり本論」では、相手の心をつかめない

人間を相手にして伝える場合には、「意外性」も重要になります。なぜなら相手は「話がつまらないな」と思ったら、当然心が離れていくからです。いくら論理的で話がわかりやすかろうと、それが面白くなければ話を聞いてはもらえません。

論理的に完成された話というのは、えてして「つまらない」ものになりがちです。それでも話を聞いてもらいたければ、意図的に脱線したり、「あれっ?」と思わせることを交えたりして、聴いている側の心をつかむ工夫も必要になります。「雑談」も考えを表現するための、ひとつのテクニックになるわけです。

私自身は、もう講義の経験が長くなっていますから、「どのタイミングでどういう雑談や脱線をするのか」ということを、あらかじめ、きちんと計算するようになっています。

たとえば私の立場を知っている人の前で憲法の講演をするとき、よく入れるのは、「実を言うと、私は高校のころは、右翼だったんですよ」という言葉です。実際、当時は弓道部にいて、神棚に向かって毎日、柏

手を打っていたような若者でした。「日本国の伝統を守る」といったことを真面目に考えていたわけです。

この話を憲法改正に反対している立場の私が言うのですから、聴くほうは「おやっ?」と思います。

「余談」とか「雑談」というのは、こちらのことを理解してもらったり、リラックスしてもらったり、あるいは心を開いてもらうための技法でもあるのです。交渉や商談でも、ちょっとした余談があれば、それがカンフル剤になることもあります。だいたい初対面の相手に「いきなり本論」を滔々と語るのでは、本当にこの人物を信頼していいのか相手も見えてこないでしょう。

相手が人間だからこそ、「わかりやすくするための工夫」だけでなく、「惹きつけるための工夫」も必要なのです。コミュニケーションには、感性の部分も重視しなくてはなりません。

ポイント

余談や雑談も話す際には武器となる！

79

相手の気持ちを考えて、言葉は正確に使用する

「余談」や「雑談」の重要性を述べましたが、実はこれについても、相手の立場を考えて使いこなす必要があります。

たとえば講演などでも、参加意識が高く、「余計な話はいいから、聞きたいことを教えてほしい」という人たちが集まっていることがあります。このとき雑談から始めたのでは、明らかに「空気が読めていない」ということになってしまうでしょう。

さらに雑談する際にも、その内容には気を遣わなければなりません。

たとえば、かつて刑法の授業をしていたとき、ある塾生からお手紙をいただいたことがあります。その内容は辛辣《しんらつ》なもので、「毎回、先生の話を楽しく聞かせていただきましたが、もはや体が拒絶反応を起こして、一切聞くことができなくなりました」というものでした。

実はこのとき、私は「安楽死」とか「尊厳死」の問題を、刑法の立場から述べていたのですが、その際に、「植物人間の状態」という言葉を使ってしまったのです。

じつはこの方は、お父さんが長く意識不明の状態下にあったそうで

す。本人たちは「それでもお父さんは生きているのだから」と希望を持って治療を続けているのに、それを「植物」にたとえるのはあんまりじゃないか、ということだったのです。確かに自分が同じ立場だったら、さぞかし残酷な言葉に感じられたでしょう。このように、本来ある種の差別表現である言葉や、宗教に関する言葉、また政治信条など、私たちには表現に気をつけなければならない言葉があります。その言葉によって、誰かが傷ついてしまう可能性もあるのです。

けれども、だから「言わない」では、自分の考えを表現できなくなります。

私は死刑反対の立場ですから、その話をして、ときどき犯罪被害者団体の方から抗議を受けることもあります。けれども、やはりそれに対しては、自分という人間の見解として理解してもらわなければ仕方がありません。

問題は、相手に何から何まで合わせるのでなく、「相手の気持ちを考えたうえで自分の意見を述べる」ということなのです。

ポイント

言葉は正確に、聞く相手に誤解されないように！

80

交渉に勝つための思考法とは？

法律家にとっては、異なる意見の相手と交渉したり、議論をしたりするのも重要な仕事です。

たとえば損害賠償などは、それこそ「金額が安い」「いや妥当だ」という金額交渉ですし、弁護士として裁判に出れば、検察側と議論のやりとりになります。

そこで、まず交渉について考えてみたいのですが、結局これは「自分が求めているもの」と「相手が求めているもの」のせめぎ合いになってきます。

そのため、第一に重要なのは、「自分が絶対に譲れない部分」をハッキリさせるとともに、相手にとっての「絶対に譲れない部分」を見つけださなければなりません。それが見つけだせれば、双方が納得できるポイントがどこかに出てくるわけです。

そのためには、何より相手のバックグラウンドをしっかりとリサーチしておく必要があります。それによって「落としどころ」が見えてくるでしょう。

たとえば金額の交渉であれば、「最終的には、このくらいの額なら向こうも納得するだろう」という額を設定し、その下のレベルから交渉を始めていくということになります。訴訟でも、相手はお金が欲しいのではなく、誠意ある謝罪の言葉を求めている場合などがあります。そのときは、むしろ自分たちが非を認めて謝ることが一番の解決策かもしれません。

相手の目的を知るとともに、自分たちのほうの状況もよく整理しておく必要があります。

たとえば会社が訴えられたような場合は、仮に状況的に「こちらに有利であり、裁判でも勝てる」というようなケースでも、その裁判をすることによって顧客からの評判を損ねたり、社会的な信用を失墜してしまう場合があります。それでは目先の交渉に勝ったとしても、会社としては大きなダメージを受けてしまうことになります。

『兵法』の鉄則には、**「持続可能な勝ち方をする」**というものがあります。取引でも、「あそことは二度とかかわりたくないよね」という印象を持たれたら、かえってマイナスになります。弁護士でも、「あの先生のやり方は汚いよね」という印象を持たれたら、社会的な地位を貶めることにもなりかねません。

つまり、「交渉」では「勝ち方」も非常に重要になるということです。場合によっては、「ここで負けても、次で勝てばいいや」という選択もありうるのです。

ポイント

交渉に勝つには、まず相手を知る

81

「議論」は問題解決の手法である

次に「議論」について考えてみましょう。会議においても、あるいは一対一で何らかの意見を戦わせる場合でも、議論とは何らかの解決策を導きだすためにやるものです。自分が相手をやりこめて、満足するためではありません。

だから第一に、**「この議論にはどのような意味があるか」ということを、私たちは考えなければなりません。**

いくら相手の意見が納得できないからといっても、「議論にならない相手」と議論していたのでは、時間をムダにするだけでしょう。とくに感情的になってまくしたてるような人と言い合っても、現実的な解決には進めません。

そういうときは、攻撃したい気持ちは抑え、すみやかに退散し、別の道を模索したほうがいいのです。冷静になれば、理解できる機会も出てくるかもしれません。

では冷静に議論が行なえる場合、次に重要なことは、**相手の「反対意見の根拠」を意識する**ことです。

それには率直に「どうしてそういうふうに思われるようになったんですか?」と聞くのがいいでしょう。あるいはその根拠から、「何がきっかけで、そういうふうに思われました?」と、さらに探っていくことです。

たとえば、相手が「日本は再軍備をしたほうがいい」という意見を持っているとします。「どうして、そういうふうに思われます?」と尋ねれば、「北朝鮮がミサイルを撃ち込んだら、大変なことになるじゃないか」と言うかもしれません。

その場合は、「でも、再軍備をすることによって、より北朝鮮がミサイルを撃つ可能性が広がりませんか?」と反論すれば、議論の方向性が広がります。

「けれども、自分たちや家族の命を守るには、再軍備が必要でしょう?」

「本当にそれ以外に、自分たちや家族の命を守る方法はないのでしょうか?」

このように議論を展開することで、さまざまな方策が生まれてくるわけです。

議論の際は、相手と自分の意見が対立していても、いったんは相手の意見を受けとめる必要があります。

そして相手の意見のその先を推論しながら、流れが結論から遠ざかるのを避けたり、場合によっては自分が譲歩する必要性も生じるかもしれません。

つまり議論の場合は、つねに「一緒に考える」というスタンスを持っていることが重要になるのです。

ポイント

議論とは「一緒に考える」場であることを忘れるな

82
伊藤流
人の話を「聞く」技術

人と議論をするときは、当然のことながら自分の言いたいことだけを伝えようとするだけでなく、相手の話を聞くことが重要になります。

しかし、ただ受け身になって話を聞いているだけでは、意味がありません。**大切なのは、主体的に自分で考えながら相手の話を聞くことです。**そのために手っ取り早いのは、「質問」を考えながら話を聞くということでしょう。

実は質問には、「批判的な質問」や「同調する質問」、「より話を深めるための質問」と、さまざまな種類あります。いろいろな種類の質問を思いつくためには、相手の話に集中しながら、つねに「なぜだ？」と疑問に感じる点をクローズアップしたり、「えっ？　本当に？」と納得できない部分に気づく感性が必要になります。

むろん話の流れを中断することもできませんから、あとで質問できるよう、「メモをとりながら聞く」ことは、大前提になるでしょう。

私自身も「メモ魔」と言われるくらいに、よくメモをとります。やり方は手帳にボールペンで書き込んでいくような形ですが、同時に赤のボールペンを使って、大事だと思った箇所や、疑問に思った箇所をマーキングしておきます。質問するべきところも、しっかりその段階で抽出しておくのです。

またメモは、「とりっぱなし」ということはありません。あとで必ず読み直し、重要と思った箇所にさらに丸をつけたり、疑問点はないか再チェックをしておきます。もし疑問があれば、あとで再確認したりすることも出てきます。

メモを見直すときのポイントは、やはり「理由づけ」の部分だと思います。というのも、相手の話の結論などは、聞いていればよくわかるものです。ただ、どうしてその結論になるのかが、本当は重要なところです。

話を聞いている場では、「なるほどなあ」と思っても、あとで考えるとどうも論理が飛躍していることはいくらでもあります。

「理由づけ」を探るのは、「相手が述べたことを自分で再び考えてみる」ために重要なことなのです。

記者の速記のようなものを別とすれば、メモというのは「記録するツール」ではなく、「考えるためのツール」だと私は思っています。

だから講義などで相手の言葉を一語一句書き留めても、それが自分の思考に反映されないのでは意味がありません。
「何のためにメモをとるのか」を意識しながら、その習慣をつくるべきでしょう。

ポイント

メモをとりながら、相手の話を真剣に聞け

83

「正解を言おう」などと考えなくていい

司法試験が新しくなってからなくなってしまったのですが、旧試験には「口述試験」がありました。新試験で口述試験がなくなったのは、「ロースクールで学んでいるから」という前提があるからです。

この試験で問われる能力は、たとえば面接や仕事上の対話で求められるものと同じで、相手の意図を理解して、求める答えを的確に述べる能力です。

口述試験は、一般には非常に難しい試験とされていました。しかしポイントは、「話す能力」ではなく、むしろ「相手が答えてほしいと思っていることを聞き取る能力」です。そして何より重要なのは、「正解を答えられるか」ではなく、「法律的な議論ができるかどうか」という点でした。

仕事上の対話や議論でも同様でしょうが、**私たちは何かを聞かれると、つい正解を述べなければならないと思ってしまう面があります。しかし現実に仕事で直面する問題で、そんなわかりやすい解答があるわけもありません。**

そこをついつい、知識をひけらかして「こうすればいいんだ」と押し込めてしまうのは間違っています。あるいは知ったかぶりをしようとしたり、わからなくて黙ってしまったりするのは、さらによくない行動です。

口述試験に失敗するのは、だいたいこういうタイプです。おそらくは面接などでも同じでしょう。

実は口述試験であっても、正解を述べる必要はないのです。ただ仮説をすぐに立てる能力のほうが求められています。

「その件に関して、正確な答えはわかりません。けれどもこういう問題にはこのように対処するのが一般的ですから、同じように、その問題もこう考えればいいのではないでしょうか?」などと答えるべきなのです。

もしかしたら面接官は、「でも、君ね。それはちょっと、こういう点もあって問題じゃないの?」と、鋭く指摘してくるかもしれません。でもその際も落ち着いて、「確かにそうです。はじめて気がつきました。そう指摘していただけると、確かにその点は問題だと思います。ですが、こう考えれば、それも乗り越えることができると思います」という形で「建設的な対話」を展開していけばいいのです。

重要なことは、いかに自分の論理を組み立てられるかです。

知識で相手をやりこめようとするのでなく、筋道を立てて自分の考えを展開していくことが大切なのです。

ポイント

わからないことは「わからない」と言えばいい

84

「文章力」とは「構成力」である

次に「自分の考えを、書いて相手に伝える」場合を見ていきましょう。こちらも重要なのは、**「その文章の目的は何か？」**ということと、**「読む側が意識されているか？」**ということでしょう。

メールでも企画書でも、ラブレターにおいても、「文章」は、何らかの自分の目的に合わせて書かれるものです。そして「読む側にどう伝わるか」が重要なポイントになってきます。

「法律文章」も、一見難解なように見えますが、正確を期するために一定のルールに基づいて書かれています。

また弁護士に出すものなのか、裁判官に出すものなのか、依頼者に出す報告書なのかによっても異なっていますから、やはり「目的」と「対象」がハッキリしていることには違いないのです。

塾の講師としてたくさんの答案を見ていますと、文章の上手な人と下手な人とでは、この段階で大きな差が出てきます。

答案もやはり「採点者」に対して、求められた問いに対する見解を、説得力を持って伝えるものでなくてはなりません。

そのときに設問が知識を求めているのか、あるいは法律に従って考える能力を求めているかによって、書き方は違ってきます。「考え」を問うような問題で、いくら知識を披露されても、それは論点がずれていることになります。

また採点者は、たくさんの答案のなかから一人の答案を3分から5分でチェックするので、わかりにくい論を展開したり、すぐに頭に入らない文章を書いたのでは、「相手のことがわかっていない」と見なされても仕方がありません。

優れた答案になると、たいていは書き出しの段階で、ゴールがきちんと意識されています。とくに答案には時間制限がありますから、構想ができない段階から書き始め、その最中で、ツカツカとあちらこちらへ行ってしまい、まとまりのない文章になってしまうことがあります。

急ぐ気持ちはわかりますが、やはり自分が伝える内容を明確にしてから、順序立ててそれを説明していくことが重要になります。

書いて伝える技術を養うには、まず文章力というより、「構成力」です。

もちろん文学作品やエッセイでは変わってくるのかもしれませんが、通常の文章は先にゴールありきで、そこに至る筋道を、いかに読む相手にたどってもらえるかなのです。

ポイント

文章は書く前の「構成力」で決まる

85

要するに「言いたいこと」は何なのか？

答案の書き方を参考に、そのコツを述べてみましょう。

まず私がよく言うのは、「要するに何が言いたいのか」ということです。文章を書く際に、内容を一言で表しておくことが大切です。

試験の答案だと、旧試験ならば1500字、新試験でもその倍の3000字くらいで書く能力が求められます。おそらくはビジネスの社会でも、報告書やレポートなどはそれくらいの長さの分量を書くことが多いと思います。

3000字ですと原稿用紙では7～8枚ですから、非常に多いように感じられるかもしれません。

しかし、ある論を展開していくとしたら、3000字というのはそれほど多くの事柄を盛り込める分量ではありません。一言で括れるような内容を、論理立てて説明していくことで終始してしまうのがほとんどなのです。

基本となるのは、できるだけ「余計なこと」を広げず、簡潔にポイントを押さえ、必要なことに的を絞ることです。だらだら書いてしまうと、それだけで読み手の印象が悪くなります。

では、自分ならではのオリジナリティは必要ないのでしょうか？

内容におけるオリジナリティに関していえば、私は1割で十分だと思っています。

9割は当たり前のことを述べて、1割分だけオリジナルなものを付け足すのです。最初から独創的なことを述べようとしても、相手にはほとんど伝わりません。

なぜなら、オリジナリティというものは自分が勝手に考えたことで、その前提となる基礎部分が相手と異なっている場合が多いからです。

だから読み手がわかる問題提起をしておいて、そのあとで「こういう可能性がある」とか、「こういう方法もありえる」と特殊性を出したほうが、かえって読む相手に「面白いことを考えるな」という印象を付け加えることができるのです。

ましてや司法試験の答案であれば、まずは教科書に載っているような論点を正確に書くべきです。

それだけで合格点なのですが、**最後に問題点を指摘して、考えるべき課題を少し述べる**わけです。そうすると採点者は、「よく気づいたね」ということで高い評価を付けます。
しかしながら、ここにウェイトを置きすぎると失敗することもあります。やはり第一には文章の目的を考え、構成に配慮する必要があるでしょう。

ポイント

言いたいことは何なのか？　そこだけをしっかり押さえる

86

文章の「階層」と「接続詞」に注意する

前項の「言いたいこと」は結論部分ですが、そこに至るまでの全体構成も、きちんと、あらかじめ整理しておく必要があります。

たとえばレポートや報告書でもそうですが、あることを説明をするための文章の場合、「ナンバリング」によって箇条的に文章を書き出すことがよく行なわれます。大きな項目から「1、2、3」とナンバーを振り、「1」のなかに小さな項目が「(1)、(2)、(3)」とあるような構造です。

これが上手にできていれば、ざっと見ただけで文章の全体構造が見えてきます。仮に部分的にわかりにくいところがあったとしても、その部分が全体ではどのような位置づけにあるかがハッキリしているため、結論に至る論理は見失わなくて済むわけです。

しかし、冗談のようですが、このナンバリング構造ができていない文章も中にはあります。たとえば「1」と書いて、そのあとに(1)から(6)までがあり、「2」が出てこないというようなものです。よく読むと(1)は序論で、(2)(3)、(4)(5)はひとまとまりで、(6)が結論になっています。これではナンバリングの意味がありません。

こういうミスは、あらかじめ文章の設計図をつくって進めないことで起こります。

一冊の本を書くときも、まずは「目次」をつくってから内容を書き進めていきます。短い文章でも、先の階層構造をハッキリさせてから書き始めることが重要でしょう。

もうひとつ、細かい内容のなかでは「接続詞」の使い方も、論理の流れをつくるために重要となります。

「接続詞」といっても、文学作品と違い、通常の文章なら「順接」と「逆接」の2通りくらいしかありません。それも論理を示すだけなら、**「そして」「しかし」だけで十分に説得力のある文章が書ける**のです。

細かいレトリックを駆使しようとせず、前の文章を受けて流れを続かせるなら「そして」を使い、文章を屈折させて問題点を指摘したり、別な可能性に移行したりするなら「しかし」と、適切に使い分けることで「この接続詞があるから、論理はこう展開するのだろう」と相手に予測させながら読ませることができ、結果的に

「上手な文章」と思われることになります。

文章で自分の考えを相手に伝える際は、意外性よりも「予測可能性」を担保としたほうがいいでしょう。

ポイント

長い文章は「全体の設計」をわかりやすく

87

「書くスピード」を速くする

司法試験の場合、「書く速さ」は非常に重要です。おそらく合否を左右する、重要な能力のひとつと言っていいでしょう。

意外に思われるかもしれませんが、伊藤塾で塾生たちに最初に与えられる課題は、**「1500字の答案を書き写す」**というものです。ペン書きで、できるだけに丁寧に、という条件がつきます。それでどれくらいの時間がかかるか、測るわけです。

とくにいまの若い人だと、文字を書くことに慣れていません。キーボードを打ったら速いけれど、正確に丁寧に字を書こうとしたら、結構時間がかかるものです。特に漢字はかなりとまどいます。

最初の段階では、平均して50分くらい、遅い人だと70分くらいかかります。

実際に試験で文字を記入することを考えた場合、答案を書くのに使用できる時間は40分ほどです。考える時間と合わせると60分くらいですから、ただ書き写すだけで70分もかかるようでは、与えられた試験時間に到底間に合いません。つまり、ほかにどれほど勉強を積み重ねていようとも、そしていくら法律知識が頭に入っていようとも、筆記が遅いだけで不合格になってしまうのです。

しかし、書くスピードは結局は「慣れ」の問題です。試験勉強の早い段階でそれを意識してトレーニングしていけば、同じ文字量でも35分ほどで書けるようにすることは可能です。

ですから、試験本番のひと月前に「自分は筆が遅くて、時間が足りないんです」と相談されても遅いのです。準備段階の**最初から「ゴールのためにはどのような能力が必要なのか」がわかってないと、取り返しのつかない失敗をしてしまいます。**

むろん本書をお読みのみなさんは、試験とは関係ないかもしれません。ペンで書かなくても、キーボードで済むという方が大半でしょう。

しかし「手紙を書かなければならない」「数十ページに及ぶ文章を書かなくてはならない」「ネット上でまとまった文章を書かなければならない」などなど、仕事のレベルが高くなるにつれて、さまざまな「書く機会」はいくらでもめぐってきます。そのときに「能力がありません」では、大きなチャンスを逃すことにもなりかねません。

「書く」習慣は、普段から少しずつでもつけていったほうがいいでしょう。日記のようなものでも構いませんから、少しずつ自分の「考え」を書き出すようにしてみてはいかがでしょうか。

ポイント

書く習慣をつくって、スピードに慣れよ

88

考えを表すことで、他人との差別化を図る

文章で「自分の考え」を伝える際に、「オリジナリティ」はあまり意識しなくてもいい、ということを述べました。しかしそうなると、自分の考えもほかの人の意見の中に埋没してしまい、差別化できないのではないかと考える人がいるかもしれません。

しかし、そのような心配は無用です。**どのような形であれ、「自分の考え」を表明する以上は、どのような表現をとろうとも、それは「あなた固有のもの」となるからです。**試験問題のように、同じテーマについて多くの人が考える場合はともかく、「あらたまってその考えを述べる」という時点では、他人との違いは明らかになっていくものです。

ただし、その場合も、実は**「オリジナリティが第一」ではないことを覚えておいてください。**

たとえばあなたが営業の仕事に従事しているならば、そこには「お客さまの役に立つことで、自らの社会的な立場を築いている」という基本があるはずです。法律家であれば「法律知識を世の中に役立てる」という核があるでしょう。

つまり、これらが「原理原則」であって、やはり「オリジナリティが先」ではないのです。そうでないと、他人があなたの「考え」を、どういう前提条件で理解していいかわからなくなります。

けれども、その原理原則だけでは、同じ志を持つ人と差が出なくなってしまいます。そこで付加価値として一言だけ加わるものが、「オリジナリティ」なのです。決して順位を間違えてはいけません。あくまで「原理原則」が先であり、「オリジナリティ」はその後なのです。

私の場合を考えてみますと、やはり「伊藤塾とは何か」と問われたら、私は「塾です」と答えるでしょう。

あくまで司法試験のための勉強を教える場ですから、これは「塾である」ということになります。その意味では、「塾」を名乗っている多くの教育機関と同じかもしれません。

しかし、その背景には、私がいうところの「塾」とは、明治維新のときの「松下村塾」を規範とした「人材をつくるための場である」ということがあります。

だから「伊藤塾」は、単に塾生を合格させるためだけの教育機関ではなく、あくまで合格後を考えての人材育成の場なのです。

これからの日本や世界の将来を背負っていく人材を育成したい、という独自の考えがここに込められており、そこで他の学校とハッキリ差別化されることになるのです。

ポイント

オリジナリティとは自分自身の「原理原則」

89

人との違いは「行動」で表現される

自分の考えを言葉で言う、あるいは文章で表明することで、他者と差別化することは可能かもしれません。しかしそれ以上に大切なのは、結局のところ「行動」ではないでしょうか。

つまり、人と違うことを言うのもいいですが、その「違う考え」が、具体的にはどのような違いとなって世の中に表れるのかという「行動」のほうが、現実世界では重要なのです。

「言行一致」という言葉があるように、**最終的にはその人の「考え」は「行動」に還元されてこそ価値がある**のです。

「伊藤塾」は、「塾である」という考えを貫く以上、こだわっているのは「個別指導」です。私は塾長の立場で100人から300人単位の講義をしますが、こうした大きな教室での授業のほかに、10人、20人単位のゼミが年間に100以上開講されています。そこでは個々の議論や討論の場が、きちんと設けられています。

個別指導を目指す以上、一方的に講師が教えるような形にしたくありません。そのため、塾を立ち上げたときに、いわゆる「板書」は一切しないことに決めました。

資料が必要な場合は、あらかじめパソコンできちんとつくります。しかも図版や映像などを使い、「ビジュアルで理解できるようにしたい」ということで、初期のころから最先端技術を取り入れて講義をしてきました。

いまでは世の中でも当たり前のITですが、伊藤塾では当初から「そんなのは当たり前」だったわけです。

さらに現在の司法試験は8科目ですが、伊藤塾には第9科目が存在します。それは「セルフコントロール」という科目です。つまりスランプを乗り切ったり、モチベーションを保つための方法を、塾では指導しているわけです。

もちろんそれは試験勉強を乗り切るためのものですが、その技術はそのまま人間教育につながることは確実です。ここにも他の学校との違いが表れていると思います。

伊藤塾のやり方は、そのまま私の考えを形にしたものであり、**このように「考え」を「行動」にしていけば、必然的にオリジナルな特徴は表れてくるのです。**

これはどんな個人の仕事に関しても同じだと思います。

まずは「自分」というものを、「考え」としてハッキリ表明しておく。あとはただ、その「考え」に則った行動をしていけばいいのです。

ポイント

言葉だけでは理解されない。行動でしっかり示せ！

90

なぜ「伊藤塾」は結果を出せるのか

その人の「考え」を「行動」に移していくことで、人との違いが表れてくると書きましたが、その意味では、伊藤塾と他の指導校との根本的な違いは、やはり「私が塾長をやっている」ということではないでしょうか。

その言葉の意味は、別に他の指導校が悪いということでは当然ありません。**ただ私の塾は、私の考えがあるから、他と違ってくる、**それだけのことです。しかし結果的には、私の方針が正しかったからこそ、やはり成果が出ているのではないかと自負しています。その方針とは、もはや「論理」ともいえないものです。

たとえば塾生たちが試験を受けるとき、その本会場で私は塾生たちに、「手紙」を配っています。

その内容は、たとえばこういうものです。

「いままで君はよく頑張ってきました。それだけでもスゴいことなのですから、まずはここまで来られたことと、支えてくれたすべての人に感謝しましょう。結果のことは、まだ考えなくていいではないですか」

安心して、普段の力を発揮してもらいたいわけです。

手紙は現在、択一・論文・口述と3回の試験があるなかで、少なくとも入りと出の2回、一人の塾生に6回は配られます。

しかも私が直接、試験会場に出向き、塾生たちの顔を見て一人ひとりに気持ちを込めて、あいさつをしています。この習慣は25年間続いており、雨が降ろうが変わりありません。

さらに合否発表の場にも私が立ち会います。合格した人を讃えたいのはもちろんですが、それ以上に、不合格だった人の気持ちを受けとめる責任があると考えるからです。

やはり受からなければ、泣き崩れる人もいます。見ている私だってつらいし、それをどうすることもできません。

ただ、教え子がつらいなら、そのつらい気持ちを一緒に感じてあげたい。そう思うのです。

ここまでの行動になってくると、もはやそれは考えつくされた思考というより、ただ「私がそうしたい」という「思い」や「感情」です。**しかし、それに忠実に行動することが、結果的に「自分」という人間の違いをつくりだすと思っています。**

そんなふうに「思い」を重視して行動することが、最後には大切になるのではないでしょうか。

ポイント

自分の「思い」に対して素直になること！

おわりに

「法律の勉強は暗記じゃない、自分の頭で考えることが必要だ」

これはどんな法学者も法律実務家も例外なく指摘することです。ですが、これを「法律の学習に暗記は不要だ」とか、「とにかく自由に考えればいいんだ」と誤解して失敗する人があとを絶ちません。基本を正確に記憶することもなく、また、考えることの意味も理解しないで闇雲に頭を使って疲れてしまう人を何人も見てきました。

本文でも述べたとおり、２００４年から始まったロースクールで法律を学習した人でも、考える勉強をしてこなかったために、「最近の新司法試験合格者は、与えられた案件とよく似た事案の判例を検索する能力には長けているが、自分の頭で考えない」というような先輩実務家の嘆きが生まれてしまうのです。

与えられた案件と過去に似た事案の判例がうまく見つけられたとしても、今回の案件と一体どこが同じでどこか違うのか、その違いはどうして生まれているのか、そして今回の案件はどのように対処したらよいのかなどを自分で考えていかなければなりません。

これはどの分野の仕事でも同様です。そうした頭の使い方を訓練しておかないと、新しい問題には対処できません。

しかし、残念ながら、「自分の頭で考えることが大切だ」と言う教授や、「頭を使って仕事をしろ」と言う先輩はたくさんいますが、考えるとはどういうことか、そのためにはどのような訓練をすればいいのかを教えてくれる人はほとんどいないのです。それではよい指導者とはいえません。

私は、本人の持っている考える力を引き出す手助けをすることこそが教育だと考えています。「そんなことはそれこそ自分で考えろ」という人もいるかもしれませんが、しかし、考える方法もひとつの技術です。これを知っているか否かで学習効率は大きく違ってくるのです。

たまたま、考える方法を知っていた人と、知らなかった人で、本当の能力は大差ないのに結果が違ってしまうのは見ていてとても残念です。

どのような分野においても、誰もが最初は人から習い、それを繰り返して自分のものにして発展させていくものです。最初の一歩は先生や先輩から習ってもよく、いやむしろ習うべきだと考えています。そのようなところで闇雲に一人で頑張って時間を浪費してほしくはないのです。もっと自分の頭で「考える」ことに時間を使ってほしいのです。

「考える」ことは知的な営みですが、感情や意欲と密接にかかわります。知情意のバランスの取り方については別の機会に譲るとして、まずは考える力を鍛えてみてください。

これからますます先が読めない不確実な時代になっていくことでしょう。そうした時代だからこそ自分の頭で考え、自分の価値観で意思決定し、その結果に対して自分で責任をとるという生き方が一層重要になってくるはずです。

視野を広げ、悩み、考え、突き抜ける。本書がこれからの時代を自分の力で生き抜こうとするみなさんの参考になれば幸いです。

本書の出版にあたって、大和書房の三輪謙郎さん、メイク・デイズ・ファクトリーの中川賀央さんの多大なご協力をいただきました。ありがとうございました。

二〇〇九年八月

伊藤　真

この作品は2009年9月に刊行された『伊藤真の結果をすぐ出す超思考法』（大和書房）を改題し、一部修正を加えたものである。

著者紹介

伊藤 真（いとう・まこと）

1958年東京生まれ。弁護士。伊藤塾塾長。1981年大学在学中に1年半の受験勉強で司法試験に合格。同時に、司法試験受験指導を開始する。1982年東京大学法学部卒業、司法研修所入所。1984年弁護士登録（1995年〜2007年弁護士業務休業、2007年12月弁護士再登録）。1995年伊藤メソッドの司法試験塾をスタート。高度な講義と高い合格率により「カリスマ塾長」として熱烈な支持を集める。現在は司法試験、法科大学院、公務員試験、法律資格試験の受験指導を幅広く展開。「憲法の伝道師」としても精力的に講演・執筆活動を続けている。

おもな著書に『夢をかなえる勉強法』『夢をかなえる時間術』（以上、サンマーク出版）、『本質をつかむ思考法』（中経の文庫）、『続ける力』（幻冬舎新書）、『"司法試験流" 勉強のセオリー』（ＮＨＫ出版新書）、『憲法問題』（ＰＨＰ新書）などがある。

ＰＨＰ文庫　伊藤真の 考え抜く力 思考力を鍛える90のメソッド

2014年12月17日　第1版第1刷

著者　伊藤 真
発行者　小林成彦
発行所　株式会社ＰＨＰ研究所
東京本部　〒102-8331　千代田区一番町21
文庫出版部　☎03-3239-6259（編集）
普及一部　☎03-3239-6233（販売）
京都本部　〒601-8411　京都市南区西九条北ノ内町11

PHP INTERFACE　http://www.php.co.jp/

組版　有限会社エヴリ・シンク
印刷所 製本所　共同印刷株式会社

ISBN978-4-569-76264-7